ジェフ・ベゾス　ライバルを潰す仕事術

企業・業界・組織・人、誰もができる悪の技術

桑原晃弥

経済界新書 049

まえがき

イノベーションには賛否両論がつきものだ。少し前まで〝時代の開拓者〟として、もてはやされていたジェフ・ベゾスも、今や、その渦中に立たされている。

アマゾンが登場した時、脅威を感じる人はほとんどいなかったはずだ。書店にとっては「コンピュータオタクの道楽」のようなものであり、出版社にとっては広い世界に本を売ってくれるありがたい存在でもあった。どちらも、アマゾンが自分たちを駆逐《くちく》する存在になるとは思いもしなかっただろう。

イノベーションの最初は、いつだってそんなものだ。「変わったものが出てきたけど、大した影響はない」とタカをくっているうちにどんどん力をつけ、いつの間にか時代の趨勢《すうせい》になって、もはや手の打ちようがない。

中でもベゾスには、ユーザーのためになるなら、少しぐらいの不幸や悲劇は気にしない強さがある。よりよいサービスのために、社員に信じられないハードワークを要求する。

より速い流通のために、限界まで倉庫の効率化を推し進める。「より安く」を実現するために、出版社に無理難題を押しつける。

税金や特許に関して、「法律を変えろ」「法律をつくれ」と都合よく主張する一方で、使える法律はとことん利用する。一方で、アマゾンの経営は株主の利益などほぼ無視の赤字続きだから、ラクである。

また、普通なら多少は譲歩したり、共存共栄の道を探ったりする場面でも、一方的に勝利することを望む。相手が潰《つぶ》れてもおかまいなしである。アマゾンが強大になった今では、正面から潰しにかかっていると見えることも増えてきた。

やはりベゾスは否定論者が言うように「破壊者」なのだろうか。

しかし、不思議なのは、「アマゾンなんか使わない」という声が少しもあがらないことだ。仕事ではアマゾンに煮え湯を飲まされている人も、ユーザーとしてはついアマゾンを使ってしまう。

この矛盾《むじゅん》をベゾスに聞いたなら、恐らくこう答えるだろう。

「すべてはユーザーのために。ただし、それが常に万人を幸せにするとは限らないのさ」

そんなベゾスを見ると、日本でイノベーションが起きにくい理由がとてもよくわかる。

イノベーションは、本来はみんなのためになるものだが、現実には「みんなのため」を追求すると、「誰かのためにはならない」ことが起きるのである。

よくも悪くも和を重んじる日本人は、「誰かのためにはならない」点を少しでも解決しようとして、徹底したイノベーションができなくなるのではないだろうか。

そんな異質な米国人ベゾスから自分が何かを学ぶのは「ムリ」というのが、多くの人の感想かもしれない。だが、本当にそうだろうか。ベゾスのビジネス手法は非常に現実的だし、一部の人を敵に回してもユーザー第一を貫く姿勢は、勝ち残るセオリーといえる。

変化には破壊や抵抗がつきものだ。信じる道を突き進めば必ず壁となって立ちふさがる人たちがいる。それを恐れて立ち尽くしては、いつまでも前に進めない。

ベゾスほどの強さは持てなくても、ほんの少しの強さを持つだけで、日々の仕事や生活の中に、小さな革命を起こすことができるはずだ。

本書から、今という時代を生きる力を得ていただければ幸いである。

桑原《くわばら》 晃弥《てるや》

目次　◎　ジェフ・ベゾス　ライバルを潰す仕事術

第2章◎アマゾンはライバルを絶滅させる

命までは奪いません。生存手段を根こそぎ頂くだけです

第3章◎アマゾンは社会正義のアウトローか

税金逃れ？　まさか。少なくとも違法ではありません

第5章◎投資に感謝です。配当はゼロです。会社は赤字です

アマゾンは株主を踏みにじる？

第6章◎それでもアマゾンは顧客のためにある

君はまだ金をあがめるのか。現代の神はユーザーだろう

編集協力　アールズ　吉田　宏

ジェフ・ベゾスとアマゾンの歩み

1964（0歳）1月12日、米国ニューメキシコ州で生まれる
1968（4歳）母親が再婚し、マイク・ベゾスが義父となる
祖父の牧場で夏を過ごし始める
1976（12歳）
＊スティーブ・ジョブズらがアップルを創業
1980（16歳）小論文を書きNASAマーシャル宇宙飛行センター見学に招待される
1982（18歳）パルメット高校を卒業生総代として卒業
1986（22歳）プリンストン大学を首席で卒業
ファイテルに就職
1988（24歳）バンカーズ・トラストに転職
1990（26歳）D・E・ショー社に転職
1993（29歳）マッケンジー・タトルと結婚
1994（30歳）7月にアマゾンの前身「カダブラ」を登記

9月に米国書店販売業者のセミナーに参加
＊ネットスケープナビゲーターが公開
1995（31歳）2月にamazon.comを登記
春頃にアマゾンサイトのベータテストを開始
7月にアマゾンのサービスを開始
＊ヤフー創業
1996（32歳）クライナー・パーキンズ社の投資を受ける
1997（33歳）5月にバーンズ&ノーブルがウェブ書店を開設
5月にアマゾンが赤字のまま株式公開。初値18ドル
1998（34歳）CDとDVDを商品に追加
グーグルに出資
＊ラリー・ペイジ、セルゲイ・ブリンがグーグルを創業
1999（35歳）『タイム』誌の「パーソン・オブ・ザ・イヤー」に選ばれる
ワンクリックの特許を取得

2000（36歳）アマゾンの株価が急落、1300人を解雇
航空宇宙事業の「ブルーオリジン」を立ち上げる
アマゾンマーケットプレイス開始
アマゾン日本ストアをオープン

＊ＩＴバブルがはじけてＩＴ不況が始まる

2002（38歳）1月にアマゾンが初めて四半期で黒字になる
アマゾンウェブサービスを開始

2003（39歳）ヘリコプター墜落事故に遭うが生還
アマゾン利益3500万ドル。初めて通年で黒字になる

＊マーク・ザッカーバーグらがフェイスブックを創業

2005（41歳）アマゾンプライムのサービス開始

2006（42歳）宇宙船ゴダードが離着陸に成功

2007（43歳）アマゾンが第一世代のキンドルを導入

2009（45歳）ザッポスを8億ドルで買収

2012（48歳）3月にアポロ11号のエンジンを大西洋から回収
キバ・システムズを買収し、無人輸送など流通のロボット化を加速
アマゾンがキンドル日本ストアをオープン
再び赤字に転落。一方で株式時価総額は上場以来最高水準に
2013（49歳）8月にワシントンポストを買収
2014（50歳）第2四半期で2012年以来最大の赤字を計上
出版社などとの対立激化、米著名作家900人が反アマゾンの新聞広告

第1章 ◎ アマゾンの「ブラック化」が進んでいる

お前は有能だ。だから猛烈に働け。給料は安いがな

1

ワークライフバランスなど与えない

社員をロボットのように扱う

2014年、アマゾンの創業者で会長兼CEO（最高経営責任者）のジェフ・ベゾスは、労働組合の国際組織、国際労働組合総連合（ITUC）によって「世界最悪の経営者」に指名された。ITUCがインターネットでアンケートをした結果、スキャンダルだらけの超ワンマン「メディア王」ルパート・マードックなど悪評高い経営者たちを抑え、ベゾスが全体の4分の1近い票を集めたのである。

理由は、アマゾン物流倉庫での過酷な労働にあった。

ITUCは、倉庫で働く社員が勤務中に歩く距離が1日当たり24キロにも達するとして、「アマゾンは従業員をロボットのように扱う。ベゾス氏は雇用者の残虐性《ざんぎゃくせい》の象徴だ」と強く批判している。

確かにアマゾンは、ジャーナリストの潜入ルポルタージュでも「精神的、身体的疾患《しっかん》を招きかねないほどの仕事を強制される」などと酷評されている。ほとんどブラック企業という位置づけだ。

なぜ、そんなことになっているのか。実は、ここにベゾスとアマゾンの特徴がある。

ベゾスは、信じる「正義」のためには、すべてのものに「犠牲」をしいる人間なのだ。

私たちユーザーは、アマゾンから、本をはじめとする多種類のモノを買う楽しみと便利さを提供されている。電子書籍を読む面白さも同様だ。

私たちのその楽しさ、便利さ、面白さが、ベゾスの信じる正義である。

ベゾスはユーザーに最高のサービスを提供するために、社員は犠牲を払って当然だと考えている。それが「世界最悪の経営者」という評価につながったのである。

ベゾスが本当に人間を破壊するほど悪質な経営者なのか、「いい仕事には多少のオーバーワークがつきものじゃないか」と言える水準なのかは、評価が分かれるところだろう。

ただ、アマゾンには、ユーザーに奉仕する精神と、社員ばかりか競合企業や株主などにも厳しく接する姿勢の両方があり、それが戦略にもなっていることは間違いない。

賢明かつ猛烈に長時間働け

「ワークライフバランス」という言葉がある。仕事はもちろん大切だが、人生は仕事だけではない。家庭、友人、趣味を大切にし、一人でゆっくり過ごす時間を持ち、それらを仕事と調和させて生きようという意味だ。

ワークライフバランスを取るか、「仕事命《いのち》」で生きるかは個人の問題だが、会社がワークライフバランスを無視して「仕事命でやれ！」と強要するようでは、ブラック企業と呼ばれても仕方がない。

アマゾンはどうだろう。定期的に開く全社集会では、忙しすぎること、変化が速すぎることへの不満がいつも噴出していた。ある女性社員が「いつになったらワークライフバランスに配慮するようになるのか」と質問したところ、ベゾスは手厳しくこう言った。

「われわれがここにいるのは成果を上げるためだ。最優先事項はそれだ。それがアマゾンのＤＮＡだと言ってもいい」

そして「全力を尽くしても成果を上げるのがムリと言うのなら、あなたは職場を選び間違えたのかもしれない」と、脅《おど》しとも受け取られる言葉を続けている。

別の社員は「ジェフ（ベゾス）は、ワークライフバランスなどうそっぱちだと思っていました」と断言しているが、確かに、ベゾスが社員に求めるのは、あくまでも一生懸命に働くこと、ただそれだけだ。

アマゾンは社員に「賢明かつ猛烈に、長時間働く」という三つの要望を常に突きつけている。ただし、言い方は少しずつ変わった。かつてはこう言っていた。

「長い時間働くことも猛烈に働くことも、賢明に働くこともできるが、アマゾンでは、この三つから二つを選ばなければならない」と。つまり、選ぶ自由があったのだ。

だが、やがてこう変わっていった。

「長い時間働くこともできるし、猛烈に働くこともできる。賢明に働くこともできる。ただしアマゾンでは、この三つから二つを選ぶことはできない」

今のアマゾンでは、ワークライフバランスを考える社員は生き残れないということだ。

2

ハードワークがビジネスモデル

毎朝恐れを抱いて目ざめよ

ベゾスはなぜ、社員にそんなハードワークをしいるのだろうか。

「経営者は24時間猛烈に働く。そして社員にゆとりを与える。ゆとりがあってこそ労働意欲が上がるし、いいアイデアも出てくる」という考え方を、なぜ取れないのだろうか。

おそらく三つの理由がある。

一つは、それが唯一の成功法だと考えているからだ。

ベゾスの描く会社の成功法は二つある。一つは「私たちは働きに働いていています。だから、高いマージン（利幅）を取ることを納得して下さい」という方法だ。もう一つは「私たちは働きに働いて低いマージンで提供しました」という方法である。両方とも、実現するための前提条件は同じである。とにかく働いて働くことだ。

もう一つは、働かないと負けると信じているからだ。こう話している。

「社員たちに、毎朝恐れを抱いて目覚めるように言っています。すべてを失う可能性があるんです。それは恐怖ではなく、事実なんです」

巨大であることは安泰を意味しない。アマゾンほどの成功を収めても、もっとすぐれた会社やシステムが出てくれば、一夜にしてすべてがひっくり返る。特にIT企業やインターネットの世界では、その傾向がはなはだしい。だからベゾスは常に危機感を抱き続けるし、それを社員にも共有するよう求めるのである。

三つ目は、ハードワークが成長企業のアメリカ的な伝統だからだ。

人は何のために働くのか。それは成果を上げるためだ。そのためには全力を投入する。これがベゾスの考え方であり、アメリカの多くの経営者のモットーである。

特に創業社長は、メチャクチャに働くことをよしとし、数々の伝説を残している。

たとえばアップル創業者の一人であるスティーブ・ウォズニアックは、「もう間に合わないという興奮剤を一本注射」されると、すさまじく働いた。思いがけない時間に会社に現れ、寝食を忘れて数週間も徹夜で働き、亡霊のように消えていくと言われたものだ。

こうした猛烈な働きぶりが伝説となり、若き技術者はそれに憧《あこが》れ、続々と新興ＩＴ企業に集まってきたのだった。アマゾンもその延長線上にあるというわけである。

イヤなら辞めていい

米国ＩＴ企業では、社員も創業者と同じくらい猛烈に働く場合が少なくない。

有名なのは、アップル創業者のスティーブ・ジョブズがパソコンの名機マッキントッシュを開発していた頃の伝説だ。チームは「週80時間労働、大好き」と書いたおそろいのTシャツを着て猛烈に働いた。休日ゼロで1日11時間を仕事に捧げたのだ。しかも、そんな極端な仕事漬けは3年間にも及んだ。

フェイスブックの「f８」というイベントチームは「われわれがインターネットを変える」という合言葉の下、週7日間、３ヵ月以上ぶっ続けで働いている。あるメンバーは、夜中の午前4時に会議を終えて自宅に帰る時「マッキントッシュをつくった時は、こんなだったに違いない」と思ったという。

巨大企業も同じだ。ゼネラル・エレクトリック（GE）伝説のCEOジャック・ウェルチは、「週90時間も働かされていると言う人がいたら、なぜ90時間になってしまうのかを20項目にまとめさせる」と言っている。一見、長時間労働を避けさせる配慮のように見えるが、実行してボスを説得できる社員がいるだろうか。

ウェルチは、成績不良の社員が「午後3時に退社して息子の野球の試合を応援に行く」と言ったら、「結果がよくないのはなぜなのかね」と質問するとも言っている。ボスの難詰《なんきつ》をハネ返してまで息子につき合える社員がいるだろうか。

どんな企業でも成長にはハードワークがつきものだ。ましてやアマゾンのように急速に成長している場合は、社員もそう楽はできない。

ただし、創業者が猛烈に働くのは強烈な自己意思であり、それはいい。その伝説に憧れ、能力を極限まで伸ばそう、ひと旗あげようと集まった人たちがワークライフバランスを無視して働くのも、責められない。

しかし、会社が大きくなり、さまざまな人がさまざまな働き方をするようになっても、なお価値観が猛烈労働一辺倒なのは、どうだろうか。創業者や経営者と同じような頑張りを社員全員に求めてしまうと、さすがに人はついてこないだろう。

アマゾンは、ブラック企業化の危ない淵《ふち》に立っているのかもしれない。ベゾスは「イヤなら辞めていい」という姿勢である。それはカリスマリーダーの強烈さでもあれば、とても危ないところでもある。

日本でも、社員が定時に退社すると問題視する経営者や、とがめだてをする管理職が見受けられるが、いいことだとは思えない。長時間残業をしいて残業代をカットするとか、標準よりはるかに少人数で働かせて休憩を保障しないといった正真正銘のブラック企業の始まりではないだろうか。

最近では、ちょっと労働環境が悪いと、すぐに「ブラック企業」というレッテルを貼られ、そのイメージがインターネットでたちまち広がる傾向がある。経営者は労働環境に最大限の配慮をする必要があるだろう。

3 メールで社員を追い詰める

緊急度Bメールの恐怖

経営者のメールには個性が表れるばかりか、経営方針まで暗示される。

日本のある有名社長は、社員のメールに「○」「×」だけで返信すると聞いたことがある。理由は示されない。○（イエス）をもらえば、次の展開を自分で考えなければならない。×（ノー）だと、なぜダメだったのかを必死で考える必要がある。社員の頭を刺激するという点でもなかなかすごいメール法だと思う。

ベゾスのメールで恐れられているのが、「緊急度B」と呼ばれる「?」つき転送メールである。

ベゾスが顧客のメールを読んで「これは問題だ」と思ったら、そのメールの頭に「?」をつけて関連部署に転送する。これが、緊急度Bメールだ。

社員は、どんなに忙しくても、重要案件にかかりきりでも、すべてを投げ捨てて、なぜ問題が起きたのかを調べ、どう解決するかをまとめて、ベゾス本人に報告する義務がある。猶予《ゆうよ》はない。普通の企業なら何日もかかる場合でも、数時間で原因と対策をすべて調べて報告しなければならない。

2010年の終わり頃、ある顧客がアマゾンでたまたま「ローション」を検索した。見ただけで買うことはなかったが、その後、性行為に使うゼリーやアダルトグッズの購入をすすめるメールがアマゾンから届くようになった。

アマゾンは顧客の関心を反映する。たとえば哲学の本を購入したり検索したりすると、次からはホームページに哲学関連の本がずらりと並ぶ。「こんな哲学の本が出ましたよ」というメールもくるようになる。

しかし、哲学ならまだしも、この顧客のようにアダルトグッズを推奨するメールを送られるのはうれしいことではない。顧客は恥ずかしい思いをしたとアマゾンにメールを送り、それにベゾスが「緊急度Bだ」と反応したのである。

「この方法はやめろ」

ベゾスは真面目《まじめ》人間だ。2003年にキンドルの開発を進めていた頃も、機器のイメージを「片手で読書をするためのものだ」と言って、技術チームから大声で笑われている。みんな「片手にキンドルを持つとして、もう片方の手は何をするんだ」と考えたのである。ベゾス一人だけが、みんながなぜ笑っているのかを理解できなかったという。

そんな真面目人間にとって、顧客が恥ずかしい思いをするのは我慢のならないことだった。頭につけられた「?」は、メールが転送されたマーケティングチームに対する「俺は怒っている」というサインだった。

マーケティングチームは説明文書をメールで送ってすませようとしたが、ベゾスは会って話すことを要求した。

ベゾスはカッとすることも多いが、たいていは5分もたてば怒りが鎮まる。会って話すということは怒りが持続しているからだ。ミーティングは緊張に包まれた。

当日、ベゾスは「おはよう」と挨拶《あいさつ》したあと、即座に「この方法はやめろ。電子メールなんぞ送らなくとも1千億ドル企業にはなれる」と切り出した。マーケティングチームも反論した。関心を持ちながら買わなかった顧客にメールを送る販売促進はいつもやっており、それで年間何億ドルもの売上が上がっている。ローションは普通のドラッグストアに売られていて恥ずかしがるほどのものではないと主張した。

だが、ベゾスは「顧客の信頼を損ねてまで売上を上げる必要はない」と強硬だった。

結局、一部のカテゴリーに関してはメールによる販売促進を中止するが、それ以外のカテゴリーに関しては続けるということになった。

激突することをよしとする

この件に限らず、ベゾスの「?」メールは社員の頭痛の種《たね》である。

ベゾスは顧客の不満を見逃さない。一人の顧客がイヤな思いをしたということは、その背後に多くの隠れた不満があって、放っておくと大問題になると考えている。だから、ささいな問題でも「?」をつけて、担当者総動員で解決させようとする。

その顧客最優先の姿勢が、アマゾン社員に犠牲をしいる。ふだんは自分の判断で動くことが求められるのだが、「?」メールが来るや否《いな》や、そちらに全神経を集中しなければならないからである。

全社集会でも、ある社員が、「『?』メールが来たら、ただちにチーム全体がすべてを放り出さなければならないのはなぜですか」と疑問を発しているほどだ。

しかも、「ボスの言うことだから、仕方がない。やります」と簡単に引き下がることもまた許されないのだ。ベゾスは、激しくぶつかり合うことで真実が見えてくると信じており、アマゾンには激突することをよしとする「剣闘士文化」があるからである。数字と情熱を武器に、議論を闘い抜かないと生き抜けない。

アマゾンの仕事はわくわくの連続であるに違いない。ただし、それを味わうには剣闘士文化を受け入れ、剣闘士として働くことが必要だ。

ベゾスの下で働きながらワークライフバランスを保つのは難しいに違いない。

4 見込みがなければさっさとクビにする

クビに本人の意思は関係ない

アマゾンの「リーダーシップ理念14条」（191ページ参照）に、こんな意味の一文がある。

「リーダーには、賛成できないとき、まっとうなやり方で決定に異議を唱えることが求められる。そうするのには気が進まない場合や大変だと思われる場合も、である。リーダーは、信念を持って粘り強く行動しなければならない。社会的結束を優先して妥協するなどもってのほかだ」

当然、一方には、「ある程度議論したら妥協も必要だよ」といった意見もあるはずである。しかし、アマゾンでは、そんな意見は通用しない。ぶつかり合う剣闘士文化を受け入れるしか生き残る道はない。なじめなければ去るだけだ。

アマゾンの文化が性《しょう》に合う人は、いったん「やってられないよ」と辞めても、また舞い戻ってくる場合もあるようで、そのあたりは人それぞれだろう。

さらに、業務成績が上がらなければ、本人の意思に関係なくアマゾンを去らなければならない。なぜなら、50人以上の部署を束ねるマネジャーには、一定のカーブで部下を並べ、成果を一番上げていない社員をクビにすることが課せられているからである。

企業はAクラスの人間だけを集めれば成功するが、Bクラスの人間がまぎれ込むと成功はおぼつかなくなり、Cクラスの人間が入り込むようになると組織はたちまちダメになるという「Aクラス信仰」をベゾスも持っている。だから最高の人材をスカウトすると同時に、見込みのない人間はさっさとクビにするのである。


シリコンバレーに「バカの増殖」という言い方がある。企業はどこでも必死でAクラスの人間を集めるが、油断するとBクラスが混じる。Bクラスの人間が油断するとCクラスが混じる。こういう悪いスパイラルをバカの増殖と言ったのだ。

これを防ぐために、ＧＥのジャック・ウェルチは社員にＡＢＣという差をつけた。Ａは自分も有能で周囲の人間の力量も引き出す上位２割くらいの逸材だ。Ｂは職務をきちんと果たす約７割の中堅層で、早くＡになることが期待される。Ｃは仕事ができず、周囲にも悪影響を与える。ＡやＢになることもできない。ウェルチはＡＢＣで給与や昇給に大差をつけ、Ｃには積極的に転職をすすめた。そうすることでＣを排除し、同時にスタープレーヤーを育てようとした。

人をＡＢＣに分けるのを「難しい」「よくないことだ」と避けるマネジャーもいる。だが、そういうマネジャーは自分自身がＣと判断されてしまうのである。

「定期券代は払わない」

強烈なＡクラス信仰を持つベゾスの評価にさらされ、アマゾン社員は、必死に企業文化になじもうとするほかはない。上司にほめられることはほとんどなく、常に「今日クビになるか、明日クビになるか」と処分の恐怖にびくびくしながら働く社員も少なくない。

そしてベゾス並みの猛烈な仕事人間になることを求められる。

こんなエピソードがある。１９９０年代のことだが、ベゾスは「バスの定期券代を会社が負担する」という提案を却下しているのだ。なぜか。定期券代を負担するということは、社員がバスに乗って会社から帰れるということだ。バスが運行しているような時間に社員が帰宅するなど、ベゾスにとってはあり得ないことだった。だから定期券代は払わないと主張したのだった。

このベゾスの考え方自体があり得ないことだと思うのだが、どうだろうか。

だいたい、アマゾンは給与も業界平均程度であり、福利厚生はあまりない。にもかかわらず次々と人が集まるのは、アマゾンの株価が右肩上がりで、売上が急成長しているのに加え、仕事がスリリングだからだ。

ある社員は、「みんな、あそこがきついとわかって入ってきます」と言っている。きつくても、次々と新しいことが学べてイノベーションの速さにわくわくできれば満足する。そんな価値観の人間が集まり、下位の人間は簡単に切り捨てられる厳しい評価制度の下で、激烈な競争をくり広げる。よくも悪くも、それがアマゾンなのだ。

あるいは、元役員はこうも言っている。「ほかの会社はもっと払ってくれるが、何か大きなことがやってみたかったら、アマゾンを目ざせ」と。

一般に、シリコンバレーのＩＴ企業は、高い給料や有利なストックオプション（自社株購入権）、豪華なオフィスや贅沢な福利厚生などによって、少しでも優秀な人材を確保しようとしのぎを削っている。

たとえば創業期のグーグルの社員優遇ぶりはすごかった。一流シェフを社員として雇い、社員向けの食事をつくらせた。食事はすべて無料、飲み物も無料、さらには保育所や送迎のバスなども完璧《かんぺき》に整え、マッサージのサービスまで準備していた。

それに比べ、アマゾンはいかにも見劣りがする。食事代などもすべて自腹だし、会社に貢献しても、金銭的報奨はゼロに等しかった。

そんな「うま味」のないアマゾンに人が集まるのは、高給や福利厚生にまさる魅力があるということだ。ベゾスと働くことは、厳しい緊張感と強烈な高揚感の両方をもたらす。ベゾスは厳しいマイクロマネジャー（うるさすぎる上司）だが、すぐれたビジョナリー（未来を見通せる人）であり、その下で働くことは人生を変える体験なのである。

5 社員にお金を使うな

報奨制度は弊害になる

①ユーザーにとって意味のないお金は使わない
②会社の予算規模や固定費がユーザーから高く評価されることはない
③倹約からは、臨機応変、自立、工夫が生まれる

こういうケチと倹約のどちらともとれる精神を、ベゾスは誇らしげに掲げ続けている。

アマゾンは1994年7月に「カダブラ」という名前で会社登記し、翌年2月に「アマゾン・ドット・コム」に名を改めてスタートしているが、正式にインターネットで本の販売を開始したのは、半年もあとの同年7月のことだ。

その間、ベゾスは何をしていたのか。

妻のマッケンジー・ベゾスや、当初からの社員シェル・カファンらとともに、サービス開始に向けて長い準備を行っていた。１００万タイトルを超える本のデータベースをつくり、本を販売するソフトウェアを組み、ベータテストという試験的な運用によって使いにくさやバグ（プログラムの不具合）を取り除いていた。

その慎重さ、サービス重視の姿勢は素晴らしい。

だが、その間の労働環境は、まったく重視されなかった。

たとえば、毎日長時間の仕事をするデスクは、借りたガレージに置いてあったドアに、ベゾスが自分で脚《あし》をつけただけのものだった。新しいデスクを買うお金がなかったわけではない。ベゾスが、オフィス家具にお金をかけるよりも、その分をサービス向上のために使いたいと考えていたからである。

だから、棚や作業台も中古品をとにかく安く買った。ベゾスは、買ってきたオフィス家具に「いくら節約できたか」という金額を書いたステッカーを貼ろうと提案したことさえあったという（社員によって却下されている）。

こうした創業当時の倹約精神は、その後のアマゾンの給料や福利厚生面にもはっきりと表れている。ベゾスは平然とこう言っている。

「きわめて安い現金報酬しか払っていませんし、これといった報奨制度もまったくありません。チームワークにとって弊害となってしまうからです」

報奨金はインセンティブ（刺激、誘引）になる一方で、嫉妬《しっと》心や不満のもとにもなるとベゾスは考えていた。

顧客サービスを向上させるためにはお金を惜しまないが、それ以外のお金は「ムダ」として極限まで倹約するアマゾンは、「やりがい」や「自己成長」を求める人間にはオアシスだが、働きに見合ったお金を求める人間には砂漠に感じられる会社かもしれない。

大事なのは給料より倉庫

社員に使うお金を節約しながら、ベゾスはユーザーへのサービスを直接向上させる物流倉庫の拡充にはこだわり続けている。

1995年7月にアマゾンのサービスを始めた当時、ベゾスは倉庫を持つことは想定していなかった。注文を受けてから、本の取次業者に発注して送るというやり方を考えていた。そうすれば巨大な倉庫や大量の本の在庫を持つ必要はない。

しかし、ベゾスはすぐにこうした考え方を捨て、倉庫用の大きなスペースを持つオフィスへと移っている。ユーザーがアマゾンとじかに接するのは、ウェブサイトを除けば、本しかなく（創業当時の取扱品目は本だけだった）、倉庫がなければ自力によるサービス向上の機会がきわめて限定されてしまうことに気がついたからだった。

翌年3月には2度目の移転を行い、巨大なスペースを確保したうえ、「このビルにいるのは半年、長くても10ヵ月だろう」と断言している。社員たちは「こんなに広い倉庫が半年で手狭になるわけがない」と首をかしげたが、実際には半年もたたないうちに倉庫は本でいっぱいになってしまった。

その後もアマゾンは何度もオフィスを移転している。驚異的な成長の結果、人も増え、取り扱う本の量が飛躍的に増え続けたのだ。１９９９年には、約27万９０００㎡という倉庫と配送センターの拡張を行い、２０１２年現在で、アマゾンの物流拠点は世界69ヵ所にも及んでいる。日本だけで拠点は12ヵ所もある。

ベゾスは倉庫をとても重視している。倉庫で働くスタッフに「あなた方こそがアマゾンにとって重要なのだ」とくり返し言うだけでなく、ベゾス自身も、ほかの管理職と一緒に定期的に倉庫に行き、仕分けや梱包《こんぽう》を手伝っている。

こうした努力の結果、アマゾンの配送スピードは進化を続け、早くから当日配達、翌日配達が普通になっている。

だが、ベゾスは満足していない。アマゾンジャパン・ロジスティックスのジェフ・ハヤシダ社長が「配達スピードの目標はドミノピザの速さ」と言っているように、注文を受けてから数十分間で届けることさえ考えているのだろう。

投資は顧客の利益にのみ向ける

そうなれば、倉庫の勤務状況はさらに過酷になりかねない。

それを見越してか、ベゾスは2012年にロボットメーカーのキバ・システムズを7億7000万ドルで買収し、倉庫をロボットが走り回って商品を回収する仕組みを実験中だ。ロボットが商品を探し、ドローンと呼ばれる無人輸送機で空から商品を届ける。そんな未来を思い描いているのかもしれない。

それは配送のいっそうの迅速《じんそく》化のためか、倉庫の労働環境を抜本的に改善するためか。おそらく両方であるに違いない。

ベゾスの信条の一つは、顧客との約束を守ることにある。

注文からごく短期間で商品が確実にユーザーの元に届くことがアマゾンの売りであり、そのカギは物流センターを機能的に動かすことだ。アマゾンの生命線は物流にある。ベゾスは早い時期からそう認識し、手を打ってきた。こう言っている。

「最も力を入れたのは、顧客のためになることに資金を使うことです。オフィス家具は、顧客には何の価値もありません。顧客の利益のためになることにのみ投資すべきです」

ここに「働く人を大切にする」ことが加われば、ベゾスは「最悪の経営者」の汚名から脱することができるだろう。

6

「顧客のためだ」で屈服させる

常に正義の側に立つ

カリスマリーダーであるベゾスは、悪く見れば独裁者である。その悪い面が出たのが、2014年6月に発表したスマートフォン「Fire Phone」かもしれない。

とにかく不評である。専門誌には「基礎的なところで力不足」「しっかりしたつくりの家に、けばい紫《むらさき》のペンキを塗ったようだ」といったレビューが載り、価格が高いことも、アマゾンらしくないとそっぽを向かれている。

そんなことになったのも、ベゾスが、どうでもいいような3D《スリーディー》機能にはまり込んで独裁的に振る舞ったからだという。反対すべき開発者たちがベゾスの力に屈し、気まぐれな注文に疲れ果てた結果、不評な製品が生まれたというわけだ。

そのうえベゾスは常に「正義」の側に立っている。

「顧客は常に正しい」という正義である。

アマゾンがサービス開始までに長い時間を費やしたのは、自分たちのオリジナルのビジネスモデルを完璧に開発しようとしたからでもある。それは、一面ではベゾスのこだわりすぎだった。しかし、ベゾスに言わせれば「ユーザーのため」であり、そう言われれば誰も逆らえなくなるのだった。

たとえばサービス開始からほどなく、返品可能期間を受け取り後15日以内から30日以内に延長しているが、これも経理の立場からすると悪夢だった。しかし、ユーザーのためという正義には逆らえず、社員たちは必死で実現させた。

ベゾスは物理的に不可能なケースを除いて、ほぼ例外なしに顧客の希望に応えようとした。しかも、すぐに実行に移そうとした。

1998年、それまで掲載されていた過去24時間の売上に基づく書籍ランキングを1時間単位にする時も、「48時間あれば、そうできるはずだ。私はそうしたいんだ。実行しよう」と性急だった。このランキングは大きな注目を集め、大勢の作家や編集者が1日に何度も自分たちの本をチェックして一喜一憂することになった。その意味では、ベゾスの行動は正しいのだ。ただし、周囲の技術者たちは夜遅くまで働きながら、「あと少し準備の時間をくれたら」と嘆いたに違いない。

「決めるのは僕だ」

電子書籍リーダー「キンドル」を開発した時もベゾスは、「キーボードは不要です」「パソコンを経由しない無線接続なんてムリですよ」と主張する開発チームに、自説を強引に押しつけた。あくまで反対する社員は、こう言って屈服させた。

「何ができるのか、決めるのは僕だ」

同じようなベゾスの言葉は、いくつもアマゾン社内で語り伝えられている。

「君の口を閉じさせるには、この会社のCEOは僕だという証明書をどっかでもらってこないといかんのか?」

「これはどう見ても(平凡な)Bチームが書いたものだな。誰か、(優秀な)Aチームが書いたものを持って来てくれ。Bチームが書いた文書で時間をムダにしたくないんだ」

新しいことへの挑戦はリスクを伴う。合議制の多数決からは、本当に新しいものは生まれない。リスク覚悟で決断できる人がいて初めて可能になってくる。その役割を担うのは創業者でありCEOであると、ベゾスは強く認識しているのだろう。

スティーブ・ジョブズにも同じような言葉が残っている。

1997年、iMacの開発を進めていた頃、ジョナサン・アイブ（現デザイングループ担当上級副社長）が、人目を引く鮮やかな色でディスプレイ一体型の美しい試作品をつくり上げた。のちに世界で500万台を販売し、アップル復活への道を開いた記念すべき製品である。

ジョブズも一瞬で気に入ったが、量産体制を組むとなると、「これはムリです」という反対意見が噴出した。「いや。これをつくるんだ」とジョブズが主張しても、反対者たちは「なぜです？」と食い下がった。ジョブズは抑え込むセリフを口にした。

「こう言ってやった。『CEOの私が可能だと思うからさ』ってね」

7 コミュニケーションを管理せよ

画面を使って説明するな

ＩＴ企業の創業者には、意外な共通点がある。

パワーポイントなどを使った饒舌《じょうぜつ》なプレゼンテーションよりも、ホワイトボードなどを用いたシンプルな説明を好むことだ。

たとえばアマゾンのオフィスには、エレベーターや会議室の壁など、いたるところにホワイトボードが取りつけられている。アイデアが浮かべば、どこでも社員同士が図を描きながら話し合えるようにするためだ。

その一方で、会議室にはプレゼンテーションの画面などを映すテレビはいっさい置いていない。

２００３年、本社の会議室に入ったベゾスは愕然《がくぜん》とした。自分が知らないうちにテレビが設置されていたのだ。設置した人間からすれば、会議の参加者が情報を共有し、コミュニケーションをスムーズにするための方法だった。

だが、ベゾスは「こんなやり方でまともなコミュニケーションなどできるはずがない」と激怒し、すぐにテレビを撤去させている。それだけではなく、「コミュニケーションをよくするためにテレビを設置するという間違った行為を見つけた社員」を表彰することにし、賞品として撤去したテレビを贈ることにしたという。

驚くべき徹底ぶりだ。

パワーポイント禁止令

同じ頃、アマゾンでは会議でのパワーポイント使用も禁止されている。パワーポイントは自分の考えをおおざっぱにしか伝えられず、徹底的に説明する場合は使えないとベゾスが言い出したからだ。

会議では、代わりに「意見書」と呼ぶ文章の提出が求められるようになった。長文はダメだ。6ページ以内に端的にまとめる。

そこまで限られた紙数で意見やアイデアを伝えるには、とことん考え抜き、説得力のある表現を工夫する必要がある。簡単にビジュアル的にまとめられるパワーポイントに比べ、コミュニケーションが格段に早く、深くなるのは確かである。

以来、アマゾンの会議では最初に参加者全員が意見書を黙って読み、そこから議論をスタートするようになった。やがて意見書はさらに進んで、プレスリリース（声明）形式へと進化した。顧客に「これは素晴らしい」「このサービスはいい」と感じさせるほどわかりやすく説得力ある文章が求められるようになったのだ。

ベゾスは一人の管理職が指示し、それを参加者が黙って拝聴するという会議を嫌うのだ。会議では一人ひとりがアイデアを出すべきだと考えている。意見書方式は、アイデアを出す刺激にもなった。

スライドの多さ、言葉の多さ、資料の厚さなどは、理解が浅いことの裏返しにすぎないことがしばしばある。スピードを重んじるＩＴ企業で、そんなことが許されるはずはないのである。

インスタント・メッセンジャーの生みの親である起業家ヨッシ・ヴァルディは、将来ビジョンを４００枚ものスライドにまとめたが、捨てている。「スライドを４００枚も使わないと説明できないのは、要するにまったくわからないということだ」という理由からだ。

スティーブ・ジョブズも「スライドが必要なのは、自分の話していることがわかっていない証拠だ」と言っていた。会議ではパワーポイントではなくホワイトボードを使い、実際に試作品、つまりモノを見たりさわったりしながら話し合い、その場で具体案を決めるのが常だった。黙って説明を聞くのではなく、「みんなで話し合って考え、そして決めていく」ことが会議だと考えていたのだ。

「コミュニケーションを減らせ」

ベゾスはチームの仕事でも、一人が指示を出し、ほかの人は指示通りに動くというやり方を嫌う。少人数で一人ひとりが自分で考えながら動くことを求める。ベゾスは「ピザ2枚チーム」、つまりピザが2枚あれば全員のお腹がいっぱいになる人数でプロジェクトを進めるのが最もいいと言っている。

だから、大企業によく見られるように中間管理職を置いたり、部門間の調整をしたりといったことには関心を示さない。

ある研修会で部門間の対話を促進するためにコミュニケーションを促進すべきだという意見が出たとき、ベゾスはこう言って猛反対した。

「コミュニケーションなんてもってのほかだ」

すべてのコミュニケーションが不要だという意味ではない。問題を本当に解決できるのは当事者である。それを忘れて部門間の意見調整や利害調整に時間をかけるのは時間のムダだと言うのである。もしそうしたことが必要だとすれば、その企業はコミュニケーション不全に陥っているということだ。

本当に組織が有機的につながっており、何が一番大切かをみんなが理解していれば、長時間の会議も部門間の調整も不要になるとベゾスは考えていた。こう言っている。

「コミュニケーションは機能不全の印なんだ。部門間のコミュニケーションを増やす方法ではなく、減らす方法を探すべきだ」

コミュニケーションは部門間の利害調整などではなく、意見交換を活発にし、イノベーションが起こりやすくするために使われるべきなのである。

グーグルも少人数のチームでプロジェクトを進めている。特にシステム開発では、人が増えるとかえってコミュニケーションに使う時間と費用が増えてしまい、能率が低下するからである。

中間管理職が増えれば増えるほどイノベーションが生まれにくくなり、すぐれた製品も生まれにくくなるというのは、アップルのスティーブ・ジョブズの信念でもあった。

8 Aクラスの人材だけに執着する

いないなら雇えばいい

ベゾスが技術者に容赦《ようしゃ》ない注文を出すのは、こう考えているからでもある。

「もし自分の持つ技術でできる範囲を限界とするなら、持っている技術は時代遅れになるだろう」

だから新しい技術の開発に時間とエネルギーを注ぎ込めと厳命し、「意欲があればできないはずがない」と鼓舞《こぶ》してやまないのだ。

ベゾスがキンドルの開発を決意した時、社内には反対の声が多かった。アマゾンはハードウェアをつくった経験がなく、人材もいなかった。

だが、ベゾスは既存の電子書籍リーダーを売ることをよしとしなかった。品ぞろえは貧弱だし、価格も高すぎる。ダウンロードの手間もかかるし、画面は小さくチラチラして読みにくかった。「ユーザーのために」紙の本にはできないことを実現するレベルの製品をつくる必要があった。

一方で、ハードウェアの開発には時間がかかるし、売る苦労も並大抵ではないのはわかっていた。メーカー経験のある社員を中心に、「難しい仕事で社内が混乱する」「資源の有効活用という面でどうだろう」「リスクが高すぎる」と懸念の声が上がった。

ベゾスはこうした声に「難しい道なのはわかっている。どうすればいいのかは、これから学ぶんだ」と強気で反論した。人材がいないなら雇えばいい。ベゾスは、シリコンバレーの企業から優秀なエンジニアをかき集めた。

そして、「普通じゃないくらいすごいものをつくってくれ」「世の中でまだ誰もうまくできていないことを実現してくれ」と指示した。「目標はアップルになること」だった。

一方でベゾスは、電子出版に乗り気でない出版社との交渉も進めた。大変な仕事だったが、なんとか目標にたどり着いている。

キンドル成功の理由をチームメンバーの一人はこう分析している。

「失敗ばかりの中でキンドルだけが成功できたのは、人々の望みを満足させることができるものをつくろうと考え、その目標をとことん追求したからだ」

ベゾスの採用面接

企業を立ち上げるのは創業者であり、そこで重要なのはアイデアとビジョンだ。だが、それを実現するには、熱意あふれるＡクラスの人材、Ａクラスのチームが欠かせない。

問題は「Ａ」なのだ。

ベゾスが望んだのは既存のビジネスにとらわれず、「自分は世界を変えられる」と信じているＡの人材だった。だから、採用面接でも、こう尋ねるのが常だった。

「あなたが発明したものについて教えてくれませんか」

大それた答えが返ってこなくてもかまわなかった。製品の新機能を開発したとか、食洗機に食器を入れる新しい方法を提案したとか、そんなものでよかった。新しいことにチャレンジする人だとわかることが大切だった。

アマゾンがサービスを開始して2年がたった頃、ベゾスは成功の理由として、幸運に恵まれたことと、素晴らしいマネジメントチームと、その下で仕事をする従業員のグループをつくり上げてきたことだと言っている。こう続けている。

「マイクロソフトのような企業を見ていると、この手法が成功の主な要因になっています。マイクロソフトには（天才的創業者の）ビル・ゲイツだけがいるわけではないんです」

ベゾスはマイクロソフトのような会社を目ざしていた。ただし、マイクロソフトほど戦闘的な会社にしたいとは考えていなかった。もっと思いやりのある会社をつくろうと考えていた。

しかし、その思いやりは普通の意味の思いやりではなく、「自分たちは世界を変えている」と信じてメチャクチャに働く喜びを感じてもらうことのようだった。

バカの増殖を起こすな

Aクラスの企業をつくるためには、Aクラスの人材をそろえなければならないという信仰を持つベゾスは、アマゾンで働く社員を選び抜いた。創業から数年間は、自分自身で一人ひとりの応募者を面接し、採用するかどうかを決めていた。求めるレベルはとても高いうえ、今日採用された人が数年後、「あの時に採用されてよかったよ。今じゃとても採用してもらえない」と言うほど年々レベルアップしていた。

ベゾスは、企業文化は30％が起業家が心に描いた通りの姿、30％が初期の社員の質、残りの40％は偶然の作用の混合文化だと考えていた。だから、初期の社員の質は絶対に妥協できない。誰かを雇ったら、その人を基準にして、次はもっとすぐれた人を雇うようにするという採用基準を考えていた。

人を選ぶことは、ベゾスにとって若い頃から大切なことだった。

ベゾスは1986年、アメリカの名門プリンストン大学を首席で卒業後、まずファイテル社という会社に就職する。そして1988年にはバンカーズ・トラスト社に転職し、すぐれたコンピュータシステムを開発して会社史上最年少で副社長になるのだが、1990年にはその地位を捨てて、D・E・ショー社のスカウトを受け入れている。

なぜか。同社CEOのデビッド・ショーが実に頭のいい、ボスにふさわしい人だったからだ。「私が知る限り、完全に発達した左脳と右脳を合わせ持つ数少ない人物だ」と、ベゾスはショーの頭脳にほれ込んでいる。

ベゾスはいつも、自分がほれ込むほどの人材を求めてやまなかった。

ベゾスが尊敬する世界一の投資家ウォーレン・バフェットに、こんな言葉がある。

「自分よりもすぐれた人間とつき合ったほうがいい。そうすれば、こっちもちょっぴり向上する。自分よりもひどいやつらとつき合えば、そのうちにポールを滑り落ちてゆく。しごく単純な仕組みだよ」

ベゾスは、働くなら尊敬できる人と働き、採用するなら高いレベルの人間をという考え方を徹底していた。アマゾンを急成長させ、決してバカの増殖を起こさないように、今日よりも明日、明日よりも明後日と採用の基準を引き上げていった。

どんな人とも分けへだてなく接するのは大切なことだが、一緒に仕事をするとなると、やはり相手を選ぶ必要がある。Ａクラス以下を相手にしないのは、仕方ないことなのかもしれない。

第2章◎アマゾンはライバルを絶滅させる

命までは奪いません。生存手段を根こそぎ頂くだけです

1

流通モンスター戦略

本は出発点にすぎなかった

アマゾンに対する悪評は、社員から湧き上がっているだけではない。アマゾンの多角化が進むにつれ、あらゆる業界から噴出していると言っていい。

本のネット販売からスタートしたアマゾンは、音楽、日用品、家電製品、ファッション、ペット用品、おもちゃ、スポーツ用品など次々と品目を拡大し、日常生活の大半をカバーするに至っている。

しかも買い物はマウスをクリックするだけでいいし、重量物やかさばる物も玄関先まで届けてくれる。世界中で利用者が急増するのは当たり前だろう。

となれば、既存業界からの反発もますます強くなる。たとえば家電量販店最大手のヤマダ電機は、キンドルの販売を拒否した。店頭で商品の価格や使い勝手をチェックし、商品をアマゾンで買う「店舗のアマゾン・ショールーム化」に危機感を覚えているからだ。

同じように、このままだとアマゾンが業界を食い尽くしてしまうと恐怖を感じている業界や人は少なくない。ある大手出版社のトップが「アマゾン、アップル、グーグルに日本の産業界が支配されちゃったらイヤでしょう」と冗談まじりで言っていたが、本音ではアマゾンへの強い警戒を抱いているはずだ。

アマゾンがCDやDVDといった本以外の商品の取り扱いを開始したのは1998年のことだが、ベゾス自身は早くから進出を構想していた。

1995年、カヤックにはまっていたある社員に、ベゾスは「将来、アマゾンにアクセスして、『カヤック』を検索すると、出てくるのは本の情報だけじゃないようにしたい」と語っている。「カヤック」「カヤック関連記事が読める」「カヤック専門誌の定期購読申し込みができる」「世界中のカヤック旅行の手配ができる」「カヤックそのものの宅配ができる」「愛好家とのカヤック談義ができる」と、カヤックに関することは何でもできるようにアマゾンを変えたいと夢を描いている。

もちろん、ほかのキーワードでも同じように何でも提供できるようにするのだ。

ベゾスにとって、本は出発点にすぎなかったのである。

ディスカウントと企業買収

では、ベゾスはなぜ最初からたくさんの商品を扱う「デパート」を目ざさなかったのだろうか。そこにベゾスの拡大戦略がある。

ベゾスは、アマゾンの急成長を望んではいたが、取扱商品やカバー地域の拡大は遅いほうがいいと考えていた。1998年にこう言っている。

「まずは書籍事業に集中し、軌道に乗るところまで育てなければならなかったからです」

ベゾスは、拡大のチャンスならいつでもあると見ていた。そのうえにベゾスは完璧主義者である。アマゾンのサービス開始までに十分な時間をかけたように、取扱商品やカバー地域の拡大も、完璧な準備が整わない限りスタートを切りたくない。拙速《せっそく》で出て行くと、顧客の信頼を裏切る恐れがある。そうならないためには、遅めのタイミングを心がけることが大切だった。

「電子商取引の最終目的地になる」という戦略を着実に進めるには、本を売ることを通して、顧客に支持されるパーフェクトなシステムをつくり上げることだ。アマゾンというブランドを確立することが必要だった。

CDやDVDへの進出は、こうした準備が整ったうえでのことだった。13万タイトルをそろえ、ほとんどのCDを最大30％ディスカウントするという周到さである。

同時にベゾスは本格的な企業買収を展開する。また、第三者の小売業者と提携する。こうすることで、アマゾンを、「買いたいものがすべてが見つかる場所」にしていった。

周到なベゾスは、取り扱い商品の拡大に備えて、巨大な配送センターづくりも進めている。巨大な倉庫と世界を網羅する物流網づくりのために、ベゾスは世界最大の流通企業ウォルマートの元物流担当副社長ジミー・ライトをスカウトしている。

その時、こんな会話が交わされたという。

「どういう商品を取り扱うのでしょうか」

「わかりません。どんなものでも取り扱えるようにして下さい」

「冗談につき合う気はありません」と、ライトはスカウトを断ろうとした。

「いえ、まじめな話です」と、ベゾスは、本気であることを必死に訴えたという。

空母《くうぼ》以外は何でも扱える巨大な物流網がほしいというのが、当時のベゾスの希望だった。その希望に沿うようにつくられたのが、カンザス州やケンタッキー州などにつくられた巨大な配送センターである。

１９９９年に、あるインターネット業界アナリストは、アマゾンの将来についてこう予言した。

「10年後、書籍はアマゾン拡大のためのトロイの木馬《もくば》だったとわかる日が来るだろう」

今やトロイの木馬は解き放たれた。恐ろしい販売力があらゆる業界に浸透し、アマゾンは「流通モンスター」と呼ばれる存在になった。

拡大はこうしている今もやむことなく続き、いくつもの業界が、どうすればアマゾンのショールームにならずにすむかを模索している。

2 「やった者勝ち」戦法で勝つ

古参社員をひねりつぶす

数多くの業界が、なぜベゾス一人に引きずり回されるのか。

その理由は、ベゾスのたぐいまれな先見力と、アイデアはすぐに実践してみる行動力、実験力に求めることができるだろう。

話はアマゾン創業以前にさかのぼる。

1988年、ファイテル社を退職して、バンカーズ・トラスト社に国際信託サービス部門の副社長補佐として転職したベゾスは、わずか10ヵ月で同社史上最年少、26歳の副社長となる。この破格の昇進をもたらしたのが、ベゾスの先見力と実験力だった。

今日のようにパソコンやスマートフォンをみんなが持ち、インターネットに簡単にアクセスできる時代ならごく当たり前のことが、かつては「絶対にムリ」とされていた。たとえば、アップルが1977年に大衆的なパソコン「アップルⅡ」をつくるまでは、コンピュータ業界の巨人ＩＢＭでさえ「個人がコンピュータを持つなんて、個人が原子力潜水艦を持つようなものだ」と考えていたほどだ。今からわずか40年たらずの昔には、それが常識だった。

ベゾスが会社員だった1980年代末も、状況はそう変わらなかった。たとえば、今なら自分のパソコンから簡単に見ることができる自分の銀行口座の取引状況や受取利息なども、当時は定期的に送られてくる印刷物で確認するほかはなかった。

ベゾスはこうした従来のやり方を改め、コンピュータを使って最新の情報を顧客が見ることができるシステムをつくろうとしていた。

たくさんの反対があった。「できるわけがない」「今まで通り印刷して送ればいい」「何のためにそんな投資がいるんだ」と会社の古参社員に言いつのられては、いくらエリートとはいえ、26歳の若者の提案が聞き入れられるはずもない。

だが、ベゾスはこうやって反対者たちをサラッと説得した。

「自信があります。どういうものか実際にご覧に入れましょう」

ベゾスは、その日の終わりには、試験的なシステムを動かしてみせ、反対者たちが間違っていたことを実証した。その後のベゾスの仕事が急速に進んだことは言うまでもない。

「まず最初の小さな丘に登れ」

ベゾスは議論を戦わせ、自分の頭のよさで相手の間違いを叩き潰すようなやり方は決してしなかった。それでは相手を怒らせるだけで、説得は難しい。屈服させられても、心服させることはできない。

第一、反対されながらでは、着手したとしても作業は遅れ、イライラだけが増えていく。だとしたら、まずは試験的につくり、実際に使ってみせるのが一番の説得術だ。議論をしている暇があれば、実際にやってみる。そうすれば何が正しいか、何が間違っているかがすぐにわかる。若いベゾスは、まさにプロのやり方を心得ていた。

やがてアマゾンを創業したベゾスは、社員にも「できるだけたくさん実験するように」

と常に発破《はっぱ》をかけている。実験はいつも成功するわけではないが、実験をすることで何が問題かも見えるし、どうすればうまくいくかも見えてくる。

ベゾスが尊敬するエジソンは「失敗などしていない。うまくいかないやり方を1万通り見つけただけだ」という名言を残している。

ベゾスも、ある方法がうまくいかなかったら、すぐに別のやり方を試すことの大切さを知っていた。たくさんの実験をすればイノベーションの機会も増やせる。

あるプロジェクトをスタートさせた時、雑誌のインタビューで「素晴らしいプロジェクトだ」と讃《たた》えられたベゾスは、慎重に言葉を選んでこう答えている。

「まずは始めてみる必要があります。最初の小さな丘に登れば、その頂上から次の丘が見えるわけです」

大切なのは議論よりも「まずやってみる」ことだ。それがベゾスの力の源泉だった。

迷ったら「かまうもんか」と自分に言う

ベゾスがアマゾンの創業に踏み切ったのは、D・E・ショー社で働いていた時にインターネットの爆発的な成長に気づいたからだ。だが、考えてみれば世界中でベゾス一人が気づいたとは考えにくい。当然、たくさんの人が気づいたはずだが、本気でインターネットで本を売るビジネスを始めたのはベゾス一人だった。

また、ベゾスは会社のボスであるショーから「失敗したらすべてを失うことになる」とD・E・ショーを退社して起業することを強く押しとどめられているが、それも振り切った。「人は何かをしたことを後悔するよりも、何もしなかったことを後悔する」という理由からだ。

だから、アマゾンが軌道に乗ってからも、常に社員に「実験しろ」「新しいことに挑戦すべきかどうか迷ったら、『かまうもんか』と自分に言い聞かせろ」と言い続けている。いい結果が出ることは少ないものの、多くのことが学べるからである。

普通は、新しいことをやろうとすると、「よけいなことをするな」「失敗したらどう責任をとるつもりだ」といった反対の声が先に立つものだ。しかし、ベゾスは実験の数こそが成功の鍵を握ると信じており、「ノー」よりも「イエス」を言う。多くの企業が犯しているのは、「作為」の過ちではなく「不作為」という過ちであるとベゾスは考えている。

③「アマゾンされる」という破壊の開始

業界はなすすべがない

アマゾンの登場と成長は、ユーザーには便利このうえない出来事だったが、一方で街から書店が姿を消すという事態も引き起こしている。もちろんすべてがアマゾンのせいではないが、書店や出版社から見ると、アマゾンには破壊者とか征服者というイメージがつきまとう。

ビジネスの世界に「アマゾンされる」という言い方がある。アマゾンが、自社の従来型事業から顧客と利益を根こそぎ奪っていくのをなすすべもなく見ることだ。

こうした脅威は日本でも多くの業界が感じている。実店舗のアマゾン・ショールーム化が、さまざまな業界で実際に起きているからである。

グーグルも同様だ。急成長を始め、既存のメディアや広告業界が大きな脅威を感じ始めた頃、グーグルは破壊者と言われた。テレビや新聞、雑誌などが信じていた「広告の魔法」を破壊するグーグルへの警戒心や恨みは大きかった。

だが、CEOだったエリック・シュミットはこう言い切った。

「グーグルは破壊者なのか。確かにそうなのだろう。古いモデルを新しいモデルに置き換えるのが資本主義のプロセスだ。イノベーションが経済を成長させる」

アマゾンを「支配者」「征服者」とする見方は多いが、それに対して、ベゾスは「自分たちを探検者だと考えています」と言っている。

どういう意味か。ベゾスは発明が大好きだし、社員に発明をするように奨励しているが、それはゼロからすべてをつくることを必ずしも意味していない。ベゾスは、他社の成功したアイデアを自社に取り入れることが大好きなのだ。つまり、アイデアや成功事例の探検者というわけである。

強者が自分を「探検者」と呼ぶという点では、ジャック・ウェルチ時代のGEも同様だった。GEの創業は、発明王トーマス・エジソンに由来する。それだけに「発明すること」「自分で考えること」への強いこだわりがあった。外からヒントを得ることや、誰かの発明を改良したり真似したりすることを嫌っていた。

その文化を変えたのがウェルチだ。「アイデアの質とその生みの親の間には何の関係もない。アイデアはどこからでも生まれてくる。だから、われわれはアイデアを世界中に求める」と言った。

世界中で生み出されているすぐれたアイデアにオープンに接し、取り入れるべきものは圧倒的なスピードで取り入れる。それがGEを不振から脱出させたのだった。

「いいアイデアは厚かましく盗むものだ」

2001年、ベゾスは、年会費を取って会員向けの激安店舗を展開している会員制倉庫型卸売小売「コストコ」を立ち上げたジム・シネガルに会い、1時間にわたって話を聞いている。

コストコは、仕入れに対する利幅は一律14%に抑え、広告は打たない。だが、コストコに行けば安く買えるというたくさんの会員に支えられて成功している。

シネガルは、ベゾスが「コストコのやり方はアマゾンにも応用できると考えているな」と見抜いていた。ノウハウをしゃべるのは、同じ流通業で急成長しているライバルに塩を送るようなものだった。

だが、シネガルは意に介さなかった。「いいアイデアがあれば厚かましく盗むものだ」というのがシネガルの信条だからだ。

実際、ベゾスはシネガルと会った数日後には、コストコと同じ「エブリデー・ロープライス」の必要性を社員に説いている。

大切なのは大手小売店に負けないだけの価格を提示し続けることである。それができれば、顧客はわざわざ車に乗って店に行き、行列に並ばなくとも「アマゾンで買えばいい」と考えるようになる。そうベゾスは確信を深めたのだった。

極端な自前主義にこだわる企業がある。かと思えば、流行のアイデアに何の疑いもなく飛びついてしまう企業もある。

どちらも愚かとしか言いようがない。

世界に目を向ければ、すぐれたアイデアはいくらでもある。そういうアイデアに目もくれないのは愚かな行為である。

一方で、どんなにすぐれたアイデアでも、自分の問題すべてを解決してくれる万能薬であるはずがない。アイデアをコピーするだけでは成功はおぼつかない。

真の強者は世界中のすぐれたアイデアに探検者のように目をこらし、アイデアをきちんと評価し、そこに自分たち独自のひねりを加えて取り入れる。そして、すさまじいスピードで実行に移すものである。

すぐれた征服者は、すぐれた探検者でもあるのだ。

④ 改善は不満が噴き出してから

抗議の声を収集する

ベゾスは社員からの批判や要求には冷淡でいられるが、ユーザーからの声には即座に反応する。すぐに原因を調べて改善しようとする。社員の満足度は気にもとめないだけに、顧客満足度に対する敏感さは異常に感じるほどだ。

インターネットを使ったビジネスの特徴の一つは、ユーザーからの反応がダイレクトに返ってくることだろう。紙の本や雑誌に、読者がハガキや電話を通して反応していた時代とは、スピードも情報量も比べものにならない。たとえばメールマガジンを配信した瞬間から読者の評価が出たり、コメントが即座に書き込まれたりする。

ベゾスはこうした特徴に早くから気づいていた。こう話している。

「オンライン事業の素晴らしい点の一つは、何か間違ったことをしていないか、どうやったらうまくやれるのかという疑問に対する答えを顧客が教えてくれることです」

アマゾンが音楽分野へ進出した時も、それが生かされた。

当時、アマゾンの音楽CDのサイトには、各ジャンルの音楽を代表する「必須CD」が10枚ずつ掲載されていた。ベゾスは、リストは主観に基づいて選ばれたものだとしたうえで、もし自分たちの選択が的はずれで、ひどくつまらないアルバムばかりをリストに載せていたとしてもかまわないと、こう言っている。

「そんな場合、短期間に抗議のメールが殺到し、私たちはすぐにフィードバックすることができ、リストは完璧なものになっていきます。それが、オンラインであることの利点の一つなんです」

これがベゾスのやり方だ。

新しいことを始める時、完璧主義者であるベゾスでも、最初からパーフェクトであることは難しい。周到に準備をし、ユーザーからの要望や抗議の声を集め、それに合わせて修正をすることで完璧を期するのだ。

顧客とともにイノベーションを行う

もし、新しいサービスに対するユーザーの声への対処が遅れれば、何が起きるのか。新しいサービスについて批判の声がすぐに広がっていく。口コミが日々山のように書き込まれる。満足しなかった顧客は、現実の世界では５人の友人に不満を漏らすだけだが、インターネット上では５千人、場合によっては５万人に広めるとベゾスは考える。

ユーザーの批判には真摯《しんし》に耳を傾け、それを即座に活かさなければいけないのがインターネットの世界である。

「顧客とともに始め、それをフィードバックして私たちはイノベーションを行っています。これが私たちのイノベーションの試金石となっています」とベゾスは話している。

ベゾスも出資しているフェイスブックが２００６年に「ニュースフィード」というサービスを開始した。この機能を使うと、友だちが誰かと友だちになったり、写真を追加したり、活動をしたりすると、友だち全員に自動的に知らせることができる。

便利な機能のはずだが、一方では、必ずしも知らせるのは「友だち全員」である必要はなかった。へたをすれば誰かにストーカーされ、自分もストーカーになってしまう危険があった。そのため、サービス開始と同時に「プライバシーの侵害だ」といった反対の声が上がり始め、「ニュースフィードに反対する学生会」といったネット上のコミュニティグループには、またたく間に75万人もが集まった。

こうした声に、当初、フェイスブック創業者のマーク・ザッカーバーグは平静を装っていた。だが、あまりの反対意見の広がりの大きさを受け、プライバシーの設定を細かく変更するとともに「大失敗をしてしまいました」というおわびを発表することになった。ニュースフィードは修正され、そしてフェイスブックの重要な要素の一つに育っていった。

実験の数を増やせ

ベゾスは、イノベーションを起こすためにはたくさんの実験が欠かせないと考えている。たくさん実験すれば、たくさん失敗もする。しかし、実験の数を増やせば、確実にイノベーションの数も増えるのである。

同様にベゾスは、イノベーションは決して一筋縄ではいかないこともよく知っていた。ベゾスはアマゾン創業にあたり、急ぎながらも十分な時間をかけて準備も行ったが、いざスタートすると、たくさんの問題も起きた。その批判の声をどんどんフィードバックしていけばいい。それが「顧客とともに始め、それをフィードバックしてイノベーションを行う」という意味だ。

ものづくりの世界に「市場に叱られてこそいいものができる」という言い方がある。

市場に出す前には、当然、しっかりとつくり、万全の検査を行う。それでもいざ市場に出してみると、「ここをこうしてほしい」「もっとこうならいいのに」というたくさんの声が聞こえてくる。これらを無視するか、それとも次の製品に生かすか、それとも今の製品に即座に生かしていくか。もちろん後者ほど望ましい姿勢である。

すぐれた製品を世に出すためには、市場に叱られ、その声を生かす姿勢が欠かせないのである。

5 そちらの利幅はこちらのチャンス

ライバルを減らす

ビジネスにおいて、ものをいくらで売るかという「値決め」は重要なポイントになる。高すぎても売れないし、安すぎると利益が出なくなる。だから、メーカーや小売店には、いつも二つのやり方がある。「どうすれば値段を高くできるか」を考える道と、「どうしたら値段を下げられるか」を考える道である。

アマゾンは後者の道を選んで、業界を破壊するほどの力を得た。

ベゾスのやり方は、「そちらの利幅はこちらのチャンス」というものだ。

利幅が大きければライバルは増えることになるが、利幅が小さければ、それはうま味のない市場とみなされ、ライバルは減ることになる。

実際、ベゾスはクラウドサービスのＡＷＳ（アマゾン・ウェブ・サービス）のスタートに際して、収支トントンの価格すら却下して、驚くほどの低料金にした。「長期にわたって赤字が続きますよ」と心配する社員を一笑に付している。そして、ライバルのほとんどいない市場で大勝を収めるのである。

アマゾンの逆が、強いブランド力を武器に高い価格をつけるアップルだ。

ベゾスはジョブズを尊敬していたが、ジョブズ流の「高価格、高利益」というやり方には否定的だった。利益率の高い製品が大ヒットすれば、確かに多くの利益が得られる。そして実際、アップルはｉＰｏｄやｉＰｈｏｎｅといった製品によって世界一の時価総額を誇る会社になった。

しかし、利益が大きいということは、多くのライバルが参入したがる市場ということだ。アップルと似たような製品を安く売れば成功できるのだ。そして実際、スマートフォンではアップルのシェアはあっという間に他者に奪われてしまった。アップルの製品力は圧倒的だが、やはり「より安いもの」を求める人は多いのである。

大きな顧客ベースに低マージンで提供する

第1章26ページでベゾスの「働いて働くこと」という言葉を紹介したが、その全体は、こんな内容になる。

「成功する会社をつくり上げるやり方には二つあります。一つはとにかく働いて働いて、その分の高いマージン料を消費者に納得してもらうやり方です。もう一つはとにかく働いて働いて、できるだけ低マージンで提供できるものをつくるというやり方です。どちらのやり方も有効です。私たちは、完全に後者です」

キンドルは最初の価格設定こそ399ドルだったが、改良を重ねるうちに価格は下がり、ベーシックキンドルは79ドルになっている。しかも、インタビューで「いっそのことタダにしてしまうわけにはいきませんか」と聞かれて、ベゾスは否定せず、逆に面白いアイデアだと答えている。

なぜこれほどの低価格にこだわるのか。

倹約の精神が行き届いており、コスト構造に自信があるという面もある。

同時にベゾスの信念にもよるようだ。低マージンの実現には困難がつきまとうこと、あらゆる問題を潰していかなければいけないこと、とにかく効率的でなくてはならないことなどをあげたうえで、こう言っている。

「私たちは小さい顧客ベースに対して高マージンで提供するよりも、大きな顧客ベースに低マージンで提供したいのです」

目ざすのは、プレミアム価格のついていないプレミアムな製品であり、ユーザーとの継続的な関係を築くことだ。

キンドルそのものは収支トントンで十分である。キンドルはユーザーが買ってくれることで利益を上げられなくとも、使ってくれることで利益を上げられる。

企業にはユーザーへのさまざまなアプローチがある。アマゾンは、コストを切り詰めることで気軽に手に入れられる製品づくりを目ざす企業だ。創業した時からベゾスは「どうすれば値段を上げられるか」ではなく、「どうすれば値段を下げられるか」を考えるタイプの経営者だった。

⑥ 仕事とはライバルをぶちのめすこと

スピードで業界を破壊する

長い時間をかけて信用を築き、製品を改良し、ユーザーになじませていく。それが既存の業界だとすれば、アマゾンは短時間のうちにそれらすべてを実現する異例なほどのスピードによって、業界を破壊したといえる。

ベゾスの時間感覚について、こんな話がある。

株式公開のためには米証券取引委員会の定めで7週間の沈黙期間が設けられており、その間、ベゾスは取材を受けることができなかった。「7週間」と聞いて、ベゾスはあきれたようにこう言った。

「7年も事業を遅らせなければならないなんて、とても信じられない事態です」

インターネットの世界はすさまじいスピードで変化している。ベゾスにとって「7週間」は事実上「7年間」に思えるほどの期間だった。

時間に関する発言は、ほかにもある。

ある時、アマゾンの経理部門がさまざまな数字を整理して、将来に対する予測を立てようと奮闘していたが、どんなに数字をいじっても「巨大な損失」という結果しか出てこなかった。ベゾスのコストを無視した相次ぐ物流センターの新設が経営を圧迫していた。

アマゾンは上場企業である。短期、長期の数字は絶対に不可欠なのだが、ベゾスはこう言って利益予想などムダだと切り捨てた。

「このような環境で20分より先の未来を考えるなど時間のムダだ」

やがて「20分」はさらに短くなった。こう言った。

「今は10分が長期を意味する時代となりました」

これほどの時間感覚で生きている人間と、伝統や「なじみ」といったゆっくりとした時間の中で生きている人間とでは、対等な勝負にならないのではないだろうか。

スピードや時間に対する並はずれた執着は、アマゾンに限らず、ＩＴ企業の創業者に共通している。

たとえばビル・ゲイツの得意技の一つは、飛行機の離陸時間ぎりぎりに空港に到着することだった。余裕を持って会社を出ることはなく、5分くらい前に車に飛び乗って、猛スピードで飛ばし、飛行機のドアが閉まろうかという間一髪《かんいっぱつ》のタイミングで飛行機に乗っていた。迷惑きわまりない客だが、ゲイツは平然とこう言っている。

「せっぱ詰まった時にこそ最高の能力を発揮できる。僕は時間の浪費は好まない。便《びん》が出る1時間も前に行っているような男じゃない」

ゲイツは社員にも厳しかった。あるプログラマーが素晴らしい仕事をやった。普通は「素晴らしい」とほめるところだが、ビル・ゲイツの返事はこうだった。

「なんで2日前にしなかったんだ」

スティーブ・ジョブズにも、こうしたエピソードはたくさんある。たとえば、ある社員が改革の3ヵ月計画を発表すると、「僕はひと晩で結果を出してほしいんだ」と激怒したりしている。あるいは、開発中のマッキントッシュの起動時間が長くかかることに腹を立てて、開発チームにこんなわけのわからない演説をしている。

「起動をもっと速くしないとな。起動時間を10秒削れたら、利用者が500万人として1日ごとに5000万秒の節約になる。1年だと、人間の寿命の何十倍にもなるだろう。10秒間早く起動できるだけで、何十人もの命を救えるんだぞ」

この話にどれだけの説得力があったかはわからないが、2〜3ヵ月後、起動時間は10秒以上短縮されることになった。

7週間は7年と同じほど長い

2004年、キンドルの開発担当者だったスティーブ・ケッセルが、「いつまでに開発すればいいのか」と質問したところ、ベゾスは即座にこう答えた。

「すでに遅すぎると言えるね」

ケッセルはアマゾンの書籍部門で素晴らしい成果を上げたが、ハードウェアをつくった経験はなかった。社内に人材もいなければ、開発体制もない。そんな状態からスタートすれば、製品を世に出すために何年もかかるのは当然のことだ。

にもかかわらず、ベゾスの答えは「遅すぎる」だった。

なぜか。もしアマゾンがすぐれた電子書籍リーダーをつくることができなければ、アップルやグーグルがつくるに違いない。そんなことになればアマゾンの存在基盤である「紙の本」は、アップルやグーグルにぼろぼろにされてしまう。

そんな危機感を抱くベゾスから見れば「いつまでに」などと悠長なことを言っている暇はなかった。

7週間は7年と同じほどに長い。10分、20分さえ変化には十分な時間と言える。スピードに対するすさまじい執着が変化の速い世界を勝ち抜くために必要な資質なのだろう。

ちなみに、ケッセルに対し、ベゾスはキンドルの仕事についてこう説明した。

「君の仕事は、今までしてきた事業をぶちのめすことだ。物理的な本を売る人間、全員から職を奪うくらいのつもりで取り組んでほしい」

第3章 ◎ アマゾンは社会正義のアウトローか

税金逃れ？ まさか。
少なくとも違法ではありません

1 大きなビジネス、小さな納税

税法の優位性を利用する

法律や制度は、世の中のあと追いになる傾向がある。「今もそんな法律があったのか」と驚くこともあれば、制度が世間の動きに対応できていないことも珍しくない。どうしても欠陥や抜け道が出てくるものである。

それを巧みに利用して利益を手にする企業も現れる。制度の不備を利用して悪賢く立ち回る輩《やから》なのだが、かといって違法行為をしているわけではない。そこが何とも厄介だ。

税金でも、アップルやグーグルといった世界で事業を展開するグローバルＩＴ企業は、売り上げた国での納税額が少ない傾向があり、税金逃れと非難されることがある。アマゾンも、税金や特許といった問題で同様の非難を浴びることが少なくなかった。

企業にとって税金は大問題だ。特にグローバル企業ともなれば、どこに本社を置き、どこで事業を行うかが重大事である。

1994年、ベゾスはアマゾン創業の地としてワシントン州のシアトルを選んでいる。全米ナンバーワンの本の卸売会社が近くにあること、才能あるエンジニアやプログラマーが豊富にいること、さらには比較的人口が少ない州であるという理由からだった。

アマゾンはIT系企業だから、カリフォルニア州シリコンバレーを選んでもよさそうなものだ。人材にもこと欠かない。

しかし、カリフォルニア州の人口は3600万人と全米最大であり、ワシントン州の人口560万人の実に6倍以上だったことがネックになった。当時のアメリカの税法では、企業の本拠地と同じ州に住んでいる人が注文した本にだけ売上税が課せられていた。そのため、本社を置く州は人口が少ないほうが税法上有利だったのだ。

大きなビジネスを展開しながら、納税額は微々たるもの。この優位性をベゾスは大いに利用した。

２

口で正論を吐きながら両手で利益を奪え

訴訟合戦が始まった

１９９７年、バーンズ＆ノーブルがアマゾンに対抗してネット書店のバーンズ＆ノーブル・ドット・コムをスタートさせ、アマゾンとの間で訴訟合戦が始まった。

その時、ベゾスは、「バーンズ＆ノーブルは販売する本に売上税を課しておらず、不公正な競争を行っている」と非難した。

理由はこうだ。バーンズ＆ノーブルはアメリカの全48州に店舗を展開している。だから、すべての州の住民からリアル書店同様にネット上でも売上税を取る義務がある。アマゾンはワシントン州以外に本社を持たず、そんな義務はない。アマゾンに対してバーンズ

&ノーブルは不法に有利な立場を手にしているというのである。

わかったようなわからないような話だ。

ネット書店という立場で言えば、両社に違いはない。もしバーンズ&ノーブルがリアル書店で売上税を取らなければ、それは法律に違反していることになる。だが、ネット書店という意味では、両社とも本社のある場所で売上税を取るだけでよさそうなものだ。

だが、それを許さないのがベゾスだ。自分たちは税法を有利に利用する。そして、ライバルに対しては「売上税を適用せよ」と迫る。

両社の訴訟は最終的に示談となっているが、ベゾスはバーンズ&ノーブルに対して、売上税や特許などについて、徹底して自社に有利な主張をくり返している。

このように巧みに売上税を回避してきた状況に変化が訪れたのは2008年だった。その年、ニューヨーク州知事がネットを通じた買い物などに課税対象を拡大する法案を提出したのである。

それまで、売上税の徴収義務を持つのは、店舗など物理的な拠点を州内に持つ売り手のみだった。だが、新しいニューヨーク州法では、オンラインショップに顧客を誘導して手数料を受け取るウェブサイトも、「代理店として州に拠点を持っている」ことになるのだ。

つまり、顧客がニューヨークに拠点を持つサイトを通してアマゾンで買い物をすれば、アマゾンは売上税を徴収する義務を負うのだ。売上税の免除は、アマゾンの顧客にとって大きなメリットである。メリットを失えば価格も上がり、売上に影響する。

ベゾスは訴訟に出るとともに、株主総会でみずからの主張をこう話している。

「われわれはこれらの州が提供するサービスをまったく利用していません。サービスを利用してもいない州で州税を集める仕事を代行しなければならないというのは、不公平だと言わざるを得ません」

これを自分勝手な理屈にすぎないと思われたのか、結局アマゾンは訴訟に敗れてしまう。

エサをまき、脅しをかける

ベゾスは、この法律の広がりに危機感を覚えたのだろう。物流センターの閉鎖や建設の白紙撤回という脅しをかけて、同様の法律を検討している州に法案成立を遅らせたり、法律が成立した州に対しては適用の免除を勝ち取ったりしている。

物流センターの閉鎖や建設の白紙撤回は、多くの人から雇用の場を奪う。各州の知事にとって企業の誘致は重大事だ。そのことをよく知るベゾスは、時には物流センターなどの新設といったアメも巧みに使い、うまく立ち回ったのだ。

違法ではない。だが、ずるい。ベゾスのこうしたやり方には批判が集まった。だが、ベゾスは「私たちの見方は明快で一貫しています」と、こう反論した。

「国内のビジネスを行っている半分の地域において、私たちはお客さんから税を取っています。国内でも5つの州で税を取っています。これらの州における私たちの貢献は大きなものです。けれども問題はそこではありません。私たちは州法ではなく連邦法をつくれと言っているわけです」

ベゾスはオンラインショッピングなら売上税が免除されるというメリットを最大限に活用することでアマゾンを成長させてきた。こうした状況が多くの州で終わる時期には、今度は多数の雇用機会の創出をエサに各州と有利な交渉を進める。

そして対外的には「連邦法を制定すべきだ」と不可能を承知で正論を口にする。

ベゾスにはこんなしたたかさがあった。

3 わかってもらえなくてかまわない

答えは行動で示す

誤解や批判にどう接するかは、企業としてとても大切なことだ。わかってもらえるまで丁寧に説明をするか、「行動で示すほかはない」とあえて説明を最小限にとどめるか。

2013年にアメリカで攻撃の対象になったトヨタ自動車は明らかに後者であり、それゆえに数々の誤解も受けた。

アマゾンはどうなのだろうか。

サービス開始から2年もたたずに株式公開を果たして前途は洋々に思えたアマゾンだが、何度も「アマゾンは終わった」という厳しい評価に直面している。

最初の危機はバーンズ&ノーブルとの戦いだ。

アマゾンが株式公開をする当月を狙いすましたように、同社はインターネットサイト開設の計画を発表する。同時にアマゾンの「地球最大の書店」というキャッチフレーズを偽りであると連邦地裁に訴えを起こしたうえ、価格競争も挑んできたのである。ハードカバー30%、ペーパーバック20%のディスカウントを開始、アマゾンを追い詰めようとした。

世間は、新興インターネット書店にすぎないアマゾンと、全米最大のリアル書店の戦いなら、後者が勝つと考えた。アマゾンは「アマゾン・ドット・トースト（落ち目のアマゾン）」と呼ばれるに至った。

しかし、株式公開で多額の資金を手にしたアマゾンは割引率を拡大することで対抗した。たとえ利ザヤが低くなっても、バーンズ&ノーブルに価格で負けるつもりはなかった。早く大きくなることでバーンズ&ノーブルを乗り越えたいというのがベゾスの考えだった。

アマゾンの敗北を予想する声は消えなかったが、それに反してアマゾンは成長を続け、1997年末には売上は1億4780万ドル、顧客数は151万人に達した。

損失額も2760万ドルへと膨れ上がっていたが、株価は上昇を続け、株式公開から1

年後の1998年5月には株価が105ドルになり、時価総額はバーンズ&ノーブルとボーダーズを合わせたよりも高くなっていた。

バーンズ&ノーブルは儲からないオンライン事業に嫌気がさし始めており、この勝負はアマゾンに軍配が上がったのだった。

無理解な人には説明をするな

アマゾンの失敗を予測する次の声が上がったのは、ITバブル崩壊の前年、1999年の雑誌『バロンズ』の「アマゾン・ドット・ボム」という記事がきっかけだった。

成長はするものの、一向に利益を生まず、損失ばかりが拡大するアマゾンに対して、同誌は「このおとぎ話の株には問題があると投資家も気づき始めた」と言い、「爆弾」が破裂しないように希望した。

調査会社メタ・グループもこう警告を発した。

「そろそろ小売業者らしい仕事をしてもらわないといけません。インターネットという飾りの魔力も尽きてしまいましたし」

それ以前、アマゾンはインターネットのイメージキャラクターだったが、ITバブルの熱が冷める中で、いつの間にかインターネットのスケープゴートになってしまったのだ。

こうした評判の変化は、アマゾンの社員をも不安に陥れた。社員との一問一答で、「アマゾンはやがて真っ逆さまにこけるとブルームバーグが報じていた」と聞かれたベゾスはこう答えた。

「アマゾンは失敗すると考える人たちは何万といるが、本当のことを言えば、私たちにはそうでないとわざわざ相手を説得するつもりがない」

ベゾスには、これに類する得意のセリフがある。

「わかってもらえなくてもかまわない」

アマゾンを批判したり疑ったりする人たちは、アマゾンという会社を理解できていない。そうした人たちに懇切丁寧な説明など不要だし、時間のムダだということだ。

もちろん、さすがに何もしないわけにはいかず、経費削減などは行っている。しかし、その一方で相変わらず取扱品目の拡大は続け、企業の買収も進めているし、拡大への意欲も堂々と表明しているのである。

やがて2002年1月にアマゾンは第4四半期で創業以来初めての黒字を計上して危機を抜け出す。

アマゾンは失敗しないことを証明したベゾスは以後、さらなる拡大路線、そして「キンドル」に代表される新事業へと突き進むことになった。

その後、失敗しないことを説明するように求められることはなかったが、それは「わかってもらえなくてもかまわない」とするベゾスの姿勢が、世間に受け入れられたことではなかった。

アマゾンが巨大化するにつれ、再びアマゾンにはたくさんの批判が寄せられている。大手出版社や作家たちとの戦いや、売上税や特許に関する批判などだ。もちろん、相変わらず巨額の赤字を出すベゾスのやり方への批判もある。

ベゾスはこうした批判に対し、今後も「わかってもらえなくてもかまわない」「わざわざ説得するつもりがない」と突き放すのだろうか。

4

計画に従うのはバカのやることだ

「役立った計画などなかった」

ベゾスの事業展開は、しばしば世間の理解を超越しているように思える。

確かに、計画を立てて、その通り実行するのはとても難しい。また、計画通りに実行すればすべてがうまくいくわけでもない。それにしても、ベゾスの無計画にも見える事業展開は、問題がないのだろうか。

ベゾスはもともとが几帳面《きちょうめん》な性格であり、気づいたことや考えたことをしっかりとメモに残すことを好み、緻密な長期計画を立てることも得意にしていた。

1981年、ベゾスはガールフレンドの誕生日を祝う計画を立て、マイアミの街中に何日もかけてたくさんの仕掛けをした。それは素晴らしいできばえだったようで、ガールフレンドはのちに「本当にすごかった」と振り返っている。「遊び心+創造力」がベゾスにはあったのだろう。

こうした緻密さは起業にあたっても同様だった。

1994年7月、ベゾスと妻のマッケンジーはテキサスまで飛行機に乗り、そこから車でシアトルへと向かった。その車中でベゾスは30ページにも及ぶ新しい会社の事業計画を書き上げている。こう話している。

「現実は決して計画通りにはいかない。しかし、計画を立て、それを書き表すというトレーニングによって、そこにあるさまざまな問題点をよく考えることができるし、それによって考え方や気持ちが整理され、気分もよくなってくるんだ」

実際、1年後にベゾスは改めて事業計画をつくっている。そして、それもアマゾンの急成長によってすぐに陳腐化してしまう。

それほど、計画と現実には大きなズレが生じている。ベゾス自身が「現実に遭遇してみて、役に立った計画など何ひとつとしてなかった」と振り返っているほどだ。

ワンマン経営者の独善

この時期に、事業が計画通りに進展しないのは、仕方のないことだった。インターネットの将来性は多くの人が認めていたが、現実にはインターネットを使って大金を稼いだ人はいなかった。また、今でこそオンラインでものを買うのはごく当たり前になっているが、ベゾスがアマゾンを創業した1990年代半ばには「消費者がオンラインで買うことに慣れるまでにはひどく長く時間がかかるだろう」と誰もが考えていた。「長く時間がかかる」、つまり売上や利益が伸びないことを前提に計画を立てるのは当然のことだった。

ところが、そうした見方はいい意味で裏切られた。こう振り返っている。

ネットの利用者自体はそれほど多くはなかったものの、彼らは新しいものにとても敏感な人たちだった。アマゾンを立ち上げてすぐに、ベゾスは事前の予想を上回る注文に驚き、対応を急がされることになった。

こうした経験を通じてベゾス自身、変化のスピードが速く、やるべきことが次々と出てくる時代、「過去に立てた計画に奴隷のように従うなんて実に馬鹿げたことですよ」と言い切るようになる。

それでも、計画を立てることの意義は否定しないのがベゾスの面白いところだ。とはいえ、計画に縛られるのは愚かなことだとしても、事業展開をもっと人にわかるように説明するべきなのも確かだろう。

ベゾス自身は、緻密な計画を立てることで問題点を整理し、成功への確証を得て、そのうえで計画に縛られることなく変化に柔軟に対応しているのだろう。

だが、たとえば1万年動き続ける巨大時計づくりを進めるロング・ナウ財団に4200万ドルを寄付していることなどは、ワンマン経営者の独善だと受け取られても仕方がないだろう。

アマゾンにある潤沢な資金が、ベゾス個人の金ではないことは当然だ。経営者としての説明責任を果たしながら、事業を展開させていくことがベゾスには求められている。

5 口コミのすごい利用術

顧客を支持者に変える

「満足した顧客は、製品がよかったことを平均3人に話すが、不満のある顧客は、平均11人に不平をもらす」

これはマーケティングの神様と言われるアメリカの経営学者フィリップ・コトラーの言葉である。企業にとって最高の広告とは満足したお客様である、ということだ。テレビや新聞、インターネットを使った広告は重要なマーケティング手法だが、口《くち》コミにはそれを上回るほどの力があるということである。

口コミの力は、世界中の人が気軽にインターネットを使うようになったことで、かつてとは比べ物にならないほどの大きな影響力を持つようになった。いい話も悪い話も、ネット上ではあっという間に拡散してしまう。

だからベゾスは口コミにこだわるのだが、一方でベゾスは、インターネット上にはたくさんの中傷する人がいることもよく知っていた。

こうした中傷にきめ細かく対応できるかというと、それは不可能だ。だとすれば、やるべきことはただ一つ。顧客との約束を守り、顧客が感動するほどのサービスを提供し続けることだけだ。

満足した顧客は、熱烈な支持者となり、インターネットを利用して「アマゾンは素晴らしい」と評価を広め、新規の顧客を獲得する手助けをしてくれるようになる。

熱烈なファンはどれほど大金をつぎ込んで広告したところで簡単に獲得できるものではない。大切なのは、どこよりもすぐれたサービスを提供し続けることだ。

こう話している。

「旧世界では持ち時間の30％をかけてサービスを生み出し、残りの70％をその宣伝のために充てていました。しかし、新世界ではこの比率は逆転しています」

「顧客は誠実か？」

かつて企業がブランドを築くためには持てる資金の多くを広告宣伝につぎ込むことが必要だった。物語をつくり、物語を広めることでブランドを築き上げていった。

だが、インターネット時代に入ると、わざわざテレビや新聞、雑誌で宣伝をしなくとも、すぐれた製品やサービスはネットを通じてまたたく間に広まっていくことになる。そこでは宣伝よりもサービスが重要だった。

しかも、ネットの世界の流行は移ろいやすい。すぐれたサービスもあっという間に当たり前になってしまう。ベゾスはこう考えている。

「自社の顧客が誠実かどうか尋ねられたら、私は『もちろんです。ほかの誰かがうちよりよいサービスを提供するようになるまでは』と答えます」

確かに製品やサービスの質が他社より劣るようになってしまえば、どれほど大量の広告費を投入したところで、やがて顧客にそっぽを向かれてしまう。

大切なのは、ほかの誰かがよりよいサービスを生み出す前に、よりすぐれたサービスをつくり続けることだ。それさえできれば、広告に頼らなくとも顧客はずっと誠実であり続けてくれる。

事業規模に比べてアマゾンの広告費は多くない。広告に多額の資金を投じるよりも、顧客体験に資金を投じる。商品を手にした顧客にどうすれば喜びの声を上げてもらえるのかを考え抜き、それを実現するために改善を続ける。そこにこそアマゾンの使命があり、喜びがあるというのがベゾスの考え方だ。

アマゾンのウェブ上にはカスタマーレビューなど驚くほどたくさんの口コミがあふれている。口コミにはマスコミを凌駕《りょうが》するほどの力がある。ベゾスは口コミの力を信じ、口コミの力を最大限に引き出すことでアマゾンを成功へと導くことになった。

そして今、そんなアマゾンを「悪意の口コミ」が覆いつつあるが、ベゾスはこうした口コミに果たしてどうやって対応していくのだろうか。

悪評を覆すのか、それとも、得意の「わかってもらえなくてかまわない」という言葉で突き放すのだろうか。

第4章◎アマゾンは伝統に容赦ない

古い町には古い王がいる。
支配するには町ごと壊せ

1

「ゾウを倒すアリ」の戦法

「市場を支配するためには何でもやる」

信じる正義のためにはすべてに犠牲をしいるベゾスの苛烈《かれつ》さは、ライバルに対しては、いっそう容赦なく発揮される。

相手はアメリカ最大の書店チェーンであるバーンズ&ノーブルであった。

ベゾスは早い時期にはライバルを恐れていた。サービス開始前にベータテストを行った時も、テスト参加者に「やっていることを絶対に言わないで下さい」と固く口止めしている。生まれたばかりの段階で、アマゾンのやろうとしていることが他社に知られてしまうことを極度に警戒したのだ。

1995年7月、サービスを開始して間もなく、大きな人気を誇っていたポータルサイト「ヤフー」がアマゾンを紹介し、注文が一気に増え始めた。

ベゾスは喜ぶとともに、災《わざわ》いの種《たね》でもあると考え、いっそう警戒感を強めている。ユーザーに知られることはライバルに存在を意識されることだ。これから育つ段階で、強大なライバルに参入されたら、アマゾンはひとたまりもなかった。できれば自分たちがある程度の規模になるまで、気づかれないようにそっとしておいてほしいというのが、ベゾスの一方の本音だった。

当時のライバルには、バーンズ&ノーブルのほかに、同社に次ぐ書店チェーンのボーダーズ（2011年に経営破綻）もいた。巨大なIT企業の参入も怖かった。

幸い、彼らはまだ参入の用意をしていなかった。ネットで本を売るビジネスを始める力は十二分に持っていたが、大企業はリスクを取らない。先行企業の成功を見て、あとから資金力や営業力、知名度にものを言わせて一気に抜き去るのが大企業の戦略だ。

ベゾスは、ライバルを脅威に感じながら、「彼らは市場の有望性が確認されたあとじゃないと動きませんよ」とも分析していた。

1996年、アマゾンはベンチャーキャピタル（ベンチャービジネス専門の投資会社）から巨額の資金提供を受けるようになる。弱くて小さいスタートアップ企業から抜け出すことができたのだ。もう資金の心配はない。急成長させる本格的な取り組みができるようになった。たとえば100万ドルを使ってテレビ広告もできれば、ヤフーとのネット広告契約に大金を投じることもできる。

ある社員が当時のベゾスの様子を、こう代弁している。

「巨大な会社につくり上げ、マーケットリーダーになろう。こう考えるようになりました。会社の成長をこの段階で止めることは考えもしませんでした。目標とする市場を支配するためには、何でもやるつもりでした」

注意を払う相手は競争相手ではない

こうした動きを見て、1997年、ついにバーンズ&ノーブルが動き出す。

同社はまず、アマゾンに買収提案を行った。もちろん話はまとまらず、結局、バーンズ&ノーブルは自分自身の手でウェブサイトを開設することになった。

ほとんどの人が、アマゾンは窮地に追い込まれると見た。

だが、ベゾスは強気だった。

バーンズ&ノーブルはオンライン書籍販売を望んで行っているのではなく、アマゾンの存在によって、そうさせられているにすぎない。バーンズ&ノーブルがオンライン書籍販売のノウハウを習得するのが早いか、アマゾンがライバルに絶対追いつかれないほどのサービスを確立し、ブランドを築き上げるほうが早いかの競争であると分析した。

競争に勝つにはどうすればいいか。自分の強みに徹底することだ。

アマゾンには、大手書店にはない強みがいくつもあった。一つが「集中」だ。

リアル書店は、店舗を訪れて本を買ってくれるユーザーを大切にしながら、一方で、リアル書店とは違うメリットをオンラインユーザーに提供する必要がある。どちらも充実させようとしても、どうしても中途半端になってしまう。

その点、アマゾンはリアル書店の経営など眼中になかった。独自のネットサービス展開に集中すればよかった。

ベゾスは「自分が顧客の立場ならどうしてもらいたいか」を問いかけた。答えは「品ぞろえ」「利便性」「価格」だった。

ホームページのダウンロードにかかる時間、ウェブサイトの使いやすさ、品ぞろえと価格の安さ、注文から納品までの時間、送られてくる本の状態といったすべての面で圧倒的なサービスを提供すれば、ユーザーは満足し、支持者となってくれる。支持者となったユーザーは、インターネットの発達によって従来より何倍も強力になった「口コミ《くち》」によって、アマゾンの名をアメリカ全州、そして世界へと広げてくれる。つまり、サービスの質がライバルを圧倒する武器になる
ベゾスは、バーンズ&ノーブルとの戦いを通して、自分たちが注意を払う相手は顧客であって、競争相手ではないという考え方を確立する。

ライバルの動きに目を奪われ、肝心の顧客のニーズを見落としてしまうことがある。脇《わき》から来た新参者に市場を奪われるのは、そんな時だ。ライバルではなく顧客に集中し、他社が真似できないほど圧倒的なサービスをつくり上げるのがベゾスの戦略だった。

大企業には確かに大きな力があるが、一方で弱点もある。ベゾスはバーンズ&ノーブルを恐れながらも、弱点を突くことでアマゾンを成功へと導いた。

2

売るな、ただ買い物を助けよ

「君の仕事は本にけちをつけることか」

「毎朝心配で目が覚めます」とベゾスは言っている。他社との競争が気になるのではなく、顧客サービスのことが思い浮かぶからだ。

ライバルを圧倒するには、ライバルを見ずにユーザーだけを見て、とことんユーザーに集中することだ。こうした考え方からアマゾンが生み出したオンライン独自のサービスはかなりの数にのぼる。

実際のショッピングカートのように商品を取り置きできる「ショッピングカート」。名前、住所、請求先、クレジットカード情報といった必要な情報を登録してしまえば、その後の買い物では一回クリックするだけで買い物ができるようになる「ワンクリック」。年会費を払えば通常より早く受け取れる「アマゾンプライム」。注文時や発送時に確認のメールがくる「電子メール通知」などである。

中でも特徴的なのが「カスタマーレビュー」である。

アマゾンは、買った本や商品のレビュー（五つ星で表す評価や感想）を書くようにユーザーにすすめている。何を書くかは、よいことも悪いことも含めて自由だ。「いいな」と思えば「★5」をつければいいし、「とんでもない」と感じたら「★1」をつけたとしても誰からも文句を言われることはない。

これは画期的な機能だった。リアル書店で書店員が売っている本について、「ぜひ読んでほしい」といった推薦の広告を掲げることはあるが、「読むに値《あたい》しない」といった批判を掲げることはあり得ない。アマゾンはそれを堂々と行うことにしたのだ。

当然、ネガティブなレビューをユーザーに書かせるべきではないという反対の声が少なくなかった。

しかし、ベゾスはある出版社から「君の仕事は本を売ることであって、本にけちをつけることではない」という怒りの手紙をもらった時、こう考えた。
「われわれはものを売って儲けているんじゃない。買い物についてお客様が判断するのを助けることで儲けているんだ」

悪い意見も公開し、判断を顧客に任せる

ベゾスはインターネット書店では、リアル書店ではできないことが実現できると考えた。リアル書店で見ず知らずの人間同士が、「この本は素晴らしい」と推薦し合ったり、「この本を買ったのは大失敗でした」などと教え合ったりすることは考えられない。しかし、インターネットならそれができる。オンライン環境には匿名性《とくめい》があり、リアルよりも心理的な壁がずっと低くなるからだ。

つまり、ユーザーはカスタマーレビューに書き込んだり、レビューを読んだりすることで、自分はアマゾンというコミュニティの一員だと感じることができる。

中には悪意から「★1」をつける人がいるかもしれないが、ほとんどの人にとってレビューを書くことは、素直な感想を伝える行為である。こうした顧客体験はリアル書店では

できないことだ。

さらにベゾスは、カスタマーレビューはアマゾンに対する信頼を高めると考えた。悪いレビューも公平に載せる企業を顧客は信頼し、今後も利用しようと思ってくれるはずだと見たのだ。

「おいしい話」だけをすれば、その時は売れても、長い目で見れば「失敗した」「だまされた」「信用できない」と考える人が出る。そういうイヤな感覚は、口コミによって広がり、企業の信頼性を大きく落とすのだ。そうならないためには、よい意見も悪い意見も公開し、判断をユーザーに任せたほうがいい。

ビジネスで最も大切なのは「信頼」である。その信頼を築くために、ベゾスはアマゾンを「ものを売る」だけの企業にしなかった。「ものを買う手助けをする」ことのほうを重視した。

そして、ユーザーを見てビジネスを進めたことが、バーンズ&ノーブルに対して圧勝する要因となったのである。

3

勝つとは圧勝することだ

最初の成功者になろう

さかのぼって考えると、アマゾンがバーンズ&ノーブルに勝てた要因は、アマゾン創業前からあったのかもしれない。

ベゾスがすぐれていたのは、インターネットが爆発的に広がり始めたばかりの1990年代中盤に、ネットの持つ大きな可能性に気づいただけでなく、ネットを使ったビジネスの実現に向かって実際の行動を起こしたことだった。

世の中には3種類の人間がいる。問題やチャンスがそこにあっても何も気づかない人。気づくことはできるが行動せずに素通りしてしまう人。そして気づいて行動できる人だ。

ベゾスは行動の人だった。「もしかしたら、最初の成功を勝ち取ることができるかもしれない」と考えたのだ。

これはすごいことだ。ほとんどの人にとって、「最初の成功」を狙うことほど怖いことはない。誰かの成功を見て、「自分も」と思う人はたくさんいる。だが、「最初の成功」に賭けるのは並大抵ではない。

では、ネットで何を売るか。ベゾスはコンピュータソフトや音楽、洋服、オフィス用品など20の候補をリストアップ、一つひとつについて検討を進めた。

何かを最初に成功させるには、これほどの検討や準備が必要になる。周囲にはライバルがひしめき、潰そう、盗もうと待ち構えている。成功するにはスピードだけでなく、しっかりとした準備が欠かせない。

同じようなことを、ソフトバンク創業者の孫正義《そんまさよし》氏も経験している。新事業を始めるにあたり、40の候補をあげて徹底的に検討した結果、本格的な卸《おろし》のない日本でなら圧倒的な1位になれると考えて選んだのがパソコンソフトの卸ビジネスだった。

大きなことが非効率に行われている時がチャンス

ベゾスは、候補の上位に来た音楽については、大手企業数社が業界を絶対的に支配しており、参入は簡単ではないと見限り、最終的に本を選んだ。

本を知らない人はいないから、それほど詳しく説明しなくとも誰もが安心して買うことができる。点数の多さや販売額でコンピュータソフトや音楽CDをはるかに上回っていたうえ、1点1点にISBN（国際標準図書番号）が振ってあり、インターネット販売に重要な検索用データベースを簡単につくることができた。

本は仕入れも簡単だった。イングラム・ブック・グループなどの大手取次業者が全米にいくつもの倉庫を構え、簡単に入手できた。アマゾンは結局、取次業者に頼らない配送をするようになるわけだが、当初の見通しとして、本はインターネットで販売する好条件を備えていたのである。

しかし、それだけでは不足だ。ベゾスは、圧倒的な価値を生み出せなければ、ユーザーは新しい手段より、これまで通りの手段を選ぶものだということを知っていた。

そして、本にはネット販売で圧倒的な価値を生み出す条件があったのだ。それは、点数が多すぎて、発行されている本のすべてをそろえる書店が存在しなかったことである。しかし、インターネットを使えば、ほとんどすべての本をそろえることが可能だ。ここに絶大なメリットがあった。どんな大型書店にもできない圧倒的なスーパーストアをつくれば、ユーザーは必ずそちらを選ぶというのがベゾスの読みだった。

しかも、本のビジネスは合理的とは言えなかった。出荷された本の多くが返品されていて、1994年当時で、返品率は35％に及んでいた。

これでは出版社も書店も十分な利益を上げることは難しい。ベゾスはそこにチャンスがあると考えた。

「大きなことが非効率に行われている時、そこにはチャンスがあるのです」

本は市場規模が大きいのに、そこで展開されているビジネスは昔ながらの非効率なものだった。そこに世界一の品ぞろえを持ち、簡単に安く買うことのできる書店を登場させる。そうすれば絶対に歓迎される。ライバルであるリアル書店の見えない可能性を見たところに、ベゾスの勝因があったのだ。

4 特許を囲い込め、法廷で容赦するな

便利さを独占する手法

ライバルを叩く時、ベゾスは法的闘争でも容赦はしなかった。アマゾンの成功に大きく貢献したシステム「ワンクリック」で、ベゾスは激しく戦っている。

ワンクリック開発のきっかけは、1997年、シェル・カファンらとの食事の席でベゾスが口にした「できる限り簡単に買い物ができるようにしたい」というひと言だった。

オンラインショッピングに使われている技術は複雑だが、ユーザーの使い勝手はシンプルでなければならない。費やす時間が短く、操作が簡単なら、人はそれだけたくさん買い物をするようになる。顧客の利便性を高めることはそのまま売上増につながるのだ。

そういう考え方を込めたひと言葉から生まれたワンクリックは、経験者なら誰もが知っている通り、とても便利なシステムだ。

ベゾスのすごさは、この便利なシステムで特許と商標登録を取得したことである。「通信ネットワーク経由で購入注文を実現する方法とシステム」と題する特許申請書を提出し、1999年秋に特許が成立している。同時に「ワンクリック」という名前も商標登録されたため、同業他社は「ワンクリック」という名前もシステムも使うことができなくなってしまった。

特許や商標登録は、うまく使えば同業他社との差別化、新規参入者にとっての高い参入障壁となる。

最も大きな影響を受けたのが、バーンズ&ノーブル・ドット・コムである。1999年10月、アマゾンは同社の「エクスプレーン・ワンクリック・チェックアウト」が特許を侵害していると告訴、同年12月に「使用中止」の仮処分が下されている。バーンズ&ノーブル・ドット・コムは、アマゾン並みの簡単な買い物を実現できなくなってしまったのだ。同社にとって手痛い敗北だった。

制度はとことん利用する

同社を中心に、ワンクリックという特許を国が認めたことへの不満の声も上がっていた。「広く利用されている技術の所有権をアマゾンに主張させるな」「特許を認めたら、ウェブサイトを運用する者を支配する力をアマゾンに与えることになる」という声だ。

こうした声に対して、ベゾスは硬軟両方の対応をしている。

一方では、「競争上の多くの利点は、特許から来るのではなく、サービス、価格、選択などのバーを上げることから来る」と主張して、その後もさまざまな特許を取得し続けた。そして競争優位性を高めている。

その一方で、ソフトウェアの特許はなくしてもいいし、短縮されてもいいと主張した。「特許が業界にどれだけの損得を与えてきたか。収支としては損でしょう」と言い、ワンクリックの特権的な使用ができなくなることがソフトウェアの特許を劇的に減らすための対価であるなら、むしろ歓迎して受け入れると平然と言っている。

もっとも、ベゾスは本音では特許を放棄するつもりはなかった。特許期間を現行の17年から、3～5年に短縮する提案のほうに重きを置いていた。短くしても、変化のスピードが速いソフトウェア業界なら特許権者にもメリットがあるという主張だった。

もっとも、現実性が薄いため「単なる問題のすりかえ」という批判も多かった。

ベゾスは、税法もそうだが、現行の制度に問題があることは認めている。改革が必要だと主張している。

かといって、特許を放棄するつもりはまるでなかった。制度に問題があるのなら制度や法律を変えればいい。ただし、もし変わらないとすれば、あるいは変わらないうちは、制度と法律のメリットを最大限に利用する。

ベゾスは非難の声に対して、「そうですね。変えなければならないですね」と柔軟に応じる一方で、特許や商標登録から生じるメリットを放棄するつもりはまるでなかった。制度がある限りは、とことん利用するしたたかさを持っていた。

5

双方が満足するのは交渉ではない

汚い手法も使う

ベゾスは出版社との交渉でも、汚いと思われても仕方ない手法を使っている。舞台はキンドルだ。

キンドルを成功させるためには、たくさんの電子書籍を用意することが不可欠だった。だが、アマゾンがキンドルを世に出したのは2007年で、最初の電子書籍リーダーが出てから、すでに15年もたっていた。にもかかわらず十分に普及しなかったのは、電子書籍が少なく、かつ増えなかったからだ。出版社は書籍の電子化に乗り気ではなかった。イヤがっていたと言っていい。

ベゾスは使いにくかった従来の電子書籍リーダーに見切りをつけ、すぐれたハードを実現させたのだが、肝心の電子書籍が少なければ、ユーザーが増えるはずはなかった。

ベゾスはキンドルの発売に際し、10万タイトルをダウンロードできるようにすることを目標にした。それも名もない本や売れない本ではない。ニューヨーク・タイムズ紙のベストセラーに入った本の90％を含めた数字である。

これはとてつもない難題だった。アマゾンは、電子化に消極的な出版社との交渉にあたって、あらゆる手練手管《てれんてくだ》を使って激しくやり合った。割引をなくしたり、推奨アルゴリズム（処理手順）からはずす。他社の本をあえて推奨する。さらにはランキングの上下に敏感な著者を使って出版社に圧力をかけることまでやった。

こんな話がある。その頃、出版業界からアマゾンへの転職を希望する人がいた。面接で、「交渉にはどう臨みますか」と質問され、「当事者双方が満足するように臨む」と答えたところ、アマゾンからはっきりとこう言われたという。

「それはアマゾンらしくない。片方が常に勝つようにするのが交渉だ」

日本企業がよく口にする「サプライヤー（供給企業）との共存共栄」という言葉は、アマゾンには存在しないということだ。

「売りますとも」から「売ってやらないぞ」への変質

アマゾンが登場した頃、出版社にとってアマゾンは、たくさんの本を売ってくれるありがたいパートナーだった。

だが、アマゾンが力をつけるにつれて、出版社にとっては厄介な存在となり始めていた。たとえば推奨アルゴリズムからはずされると、売上は40％前後も落ちてしまうのだ。出版社は白旗を上げるほかはなかった。

こういう交渉はアマゾンの常套《じょうとう》手段ともなり、「出版社を格付けして、アマゾンのおぼえがめでたい出版社は目立たせたりして優遇する」「出版社にスコアカードを配り、アマゾンの要求にどれくらい対応したかを数字化させている」「アマゾンの要求に応じない出版社の本の配送を遅らせている」などの批判が絶えたことはない。

こうした露骨な交渉を経て、２００７年秋、キンドル対応の電子書籍が目標にあと一息の９万冊に到達した。ベゾスは最初のキンドルを発表するとともに、本の価格について、

「ニューヨーク・タイムズ紙のベストセラーと新刊をわずか9ドル99セントで提供する」と発表した。これでは、出版各社はコスト割れを起こしかねない。しかも、人気書籍を安く買うことができれば、人は電子版を買うようになる。

実際、２０１１年には、アマゾンのユーザーは紙の本よりも電子書籍を選ぶことが多くなった。

当然、その後も、アマゾンと出版社との間で価格をめぐる激しい対立が起きている。

ベゾスは時に出版社側の要求を飲みながらも、いつも「本の価格は高すぎる」と主張して、価格を引き下げる圧力の手をゆるめることはない。

交渉は双方にとってメリットのある「ウィン、ウィン」が理想だが、ベゾスには、そんなものは通用しない。自分が常に勝つようにするのが交渉だ。

アマゾンと交渉するつもりなら、圧倒的に勝つか、惨敗するかの二つに一つしか道はないことになる。

6 抵抗されたらひきずって動かせ

手段を選ばない侵略者

アマゾンと出版社の間が険悪になったのは、特に電子書籍に乗り出してからだ。キンドルの発売に際し、ベゾスは電子書籍100万冊という目標を掲げ、実現のために手段を選ばなかった。交渉担当役のジェフ・スティールが、「手足をばたつかせてイヤがる出版社を21世紀に引きずっていくようなものだった。何か面白いことをしようという意志がまったく感じられませんでした」というような強引なやり方だった。

一般的に、交渉はギブ・アンド・テイク、つまり双方が利益を得る方式が望ましいが、電子書籍では、ベゾスはアマゾンのみが利益を得ることを考えていた。その姿勢は、ステイールが「侵略的だ」と感じ、アマゾンに嫌気がさすほどだった。

2007年にキンドルは発売され、翌年にベゾスは、アメリカ出版界の最有力雑誌である『パブリッシャーズ・ウィークリー』の「パーソン・オブ・ザ・イヤー」に選出されている。選出の理由は、時には争いを引き起こすほどの活力に満ちた会社の経営者であるからだった。アマゾンは社内も「ぶつかり合いの文化」だが、出版社との間でも同じ文化を押しつけていたのである。

アマゾンが出版文化に果たした影響は大きい。だが、電子書籍を安く手に入れようと手段を選ばないやり方を取った時から、反発する出版社が急増した。

成功は「ムリだ」とされるものから生まれる

さらにアマゾンは出版業界のあらゆる分野へと進出した。

中古本の小売り大手会社やオーディオブックの会社、電子書籍リーダーのアプリケーションをつくっている会社などを次々と買収した。印刷会社と共同で、作家が自費出版できるサービスも開始した。

こうした拡大は一見すると業界を進歩させたようにみえるが、「やり方が強引すぎる」「自社の利益追求だけで文化的側面を顧みない」「伝統や信頼関係の重みを軽視している」という批判が噴出し、進歩よりも混乱を招いた面もある。

中には、アマゾンは出版社をビジネスから追い出す「殺し屋」ではないかと言う人さえいた。アマゾン側は、自社の意図を有力プレーヤーになりたいだけだと説明した。世の中に出版社は何千社とあり、本もおびただしく出ている。いくらアマゾンに力があっても、出版業界を支配するのはムリだというわけだ。「われわれの出版事業はあくまで社内の実験室です」と釈明している。

だが、ベゾスだけは違う言い方をしている。「ムリだ」と言う専門家がいるとイノベーションは減速するが、いなければ多くのアイデアが実行され、「ムリだ」とされたものの中から成功例が生まれるというのだ。その点、アマゾンが提供するセルフサービスのプラットフォームなら、あり得ないようなアイデアを試すことができる。「その多様性は社会にとって大きなプラスになります」と言っている。

こういう発言から、ベゾスが目ざしているのは、著者に今より大きな収入を保証することによって、アマゾンと読者しかいない出版業界ではないかと言われている。

そして、確かに、この見方に立てばベゾスが斜陽の新聞社「ワシントンポスト」を買収した理由もよくわかる。ベゾスがほしかったのは紙に印刷された新聞ではなく、すぐれた情報と、すぐれた書き手の集団だったわけである。

出版業界が転機に来ていることを否定する人はいない。問題は出版社、書店、著者、読者、アマゾンという構図をなんとか維持できるのかどうかだ。出版社や街の書店が「古くさい」とされ、消え去っていくのは、あまりに変化が急すぎる。失われるもの、得られるものがどれくらいなのか、いったん変わってしまうとあと戻りが難しいだけに、多くの人がひるむのも当然だ。

ベゾスはイノベーションによって紙の本に代わる電子書籍の市場を一気に広げることに成功したが、次なるイノベーションは出版社が不要な世界をつくり上げることなのだろうか。ベゾスと出版社の「ぶつかり合い」が今後どのように進むのか、目が放せない。

7

進化は過去の遺物をつくる

「人に食われるくらいなら自分で食う」

アマゾンを急成長させてくれたのは「紙の本」だった。

しかし、ベゾスは、紙の本の未来を見ていた。

たとえばCDは一時、全盛をきわめていた。ところが、音楽がオンライン配信されるようになると、あっという間に過去の遺物になってしまった。CDがなくなったわけではないが、多くの人にとって音楽はCDを買って聞くのではなく、ダウンロードして楽しむものに変わってしまった。

ベゾスは、同様のことが紙の本で起きることを恐れていたのだった。もしアップルやグーグルがデジタルで簡単に安く本を読めるようにしてしまえば、紙の本が過去の遺物になるばかりか、紙の本を売るアマゾンさえ危機に瀕《ひん》するかもしれなかった。
「他人に食われるくらいなら、自分で自分を食ったほうがずっとマシ」というのがベゾスの心境だったろう。

かつてスティーブ・ジョブズは、ｉＰｈｏｎｅを出せばｉＰｏｄの売上が落ちるかもしれないし、ｉＰａｄを出せばマックの売上が落ちるかもしれないが、躊躇《ちゅうちょ》することなく次々と革命的製品を開発した。売れている製品に安住していると、他社が革命的製品を出した瞬間にすべてを失うことになる。そうならないためには革命は自分たちの手で起こさなければならないのだ。

ベゾスは、「本は、未来永劫《えいごう》、死んだ木（紙のこと）に印刷しなければならないなど、どこにも書かれていません」と言うようになった。ベゾスは無類の本好きだが、紙の本を過去の遺物にしなければ、アマゾンの未来は閉ざされてしまいかねない。

ベゾスは「本という形」ではなく、「本に書かれている言葉とアイデア」を重視することで、本をさらに多くの人に読んでもらう道を選んだ。

そして、キンドルを開発するという進化をみずから起こすことで、アマゾンを「紙の本を売る」企業から、「言葉とアイデアを届ける」会社へと変えることに成功した。

ベゾスは「進化と無縁であることがきわめて危険なのです」と言っている。

コダックの教訓

圧倒的にすぐれた製品をつくって世界をリードしていた企業が無惨に消えることが少なくない。たとえば、約130年の歴史を誇る世界的フィルムメーカーだったコダックだ。デジタルカメラの普及といった市場の変化への対応が遅れたことで業績が悪化、2012年1月に破産法の適用を申請している。

デジタルカメラを「つくれなかった」わけではない。同社は1975年にデジタルカメラを世界で初めて開発しているのだ。

だが、同社はデジタルカメラを「つくらなかった」。長く「フィルムの巨人」として世界に君臨してきただけに、デジタルカメラをつくることが高収益のフィルム事業に悪影響を与えることを恐れて対応が後手に回ったのである。

その間にライバルである富士フイルムなどに出遅れたばかりか、収益源のフィルム事業が一気に低迷してしまったのだ。

このように、長く使われてきた製品が一瞬にして過去の遺物に変わるほどの革命が起きることは少なくない。革命は既存の業界も破壊してしまうが、それには誰もあらがえない。

グーグル前ＣＥＯのエリック・シュミットがこう言っている。

「ポケットベル（かつて大流行した無線呼び出し機）業界が立ち行かなくなったことを残念に思うかい？　思わないだろう。代わりに携帯電話があるからさ。すぐれた代替品にあらがうのは、どうあがいても無理なんだ」

革命は一瞬にして既存の製品や既存の業界を過去の遺物に変えてしまう。過去の遺物にならないためには、みずから革命を起こすほかはない。

第5章◎アマゾンは株主を踏みにじる?

投資に感謝です。配当はゼロです。会社は赤字です

1

「お金を失ってもいいのなら投資して下さい」

シリコンバレー・ゲーム

お金を投資してもらう時、普通なら「絶対に成功してお返しします」と言うだろう。その点、「お金を失ってもよいという覚悟がないのなら投資すべきではない」と言ってしまうベゾスはなかなかの大物だ。

成功への絶対の自信があるのか、それとも正直なのか。

今日のアマゾンの成功を見れば、ベゾスが会社を辞めて起業したことは正しかったが、それはあくまでも結果論である。当時の状況からすればとてもリスクの高い選択だった。

D・E・ショー社のデビッド・ショーはベゾスに会社を辞めないよう強く働きかけている

が、それは非常に常識的なアドバイスだった。

シリコンバレーで次々と誕生するIT企業の寿命はせいぜい2〜5年と言われている。その寿命さえ、まっとうできるのは20社に1社とされ、多くは創業から数ヵ月で潰れてしまうという。

あるいは、「シリコンバレー・ゲーム」という言葉がある。将来性のありそうなベンチャー企業を渡り歩くことだ。3〜4年間ずつなら、生涯で10社を試せる。ほとんどは途中で潰れるだろうが、運よく1社でも成功して株式上場にこぎつければ、巨万の富を得られる。そういう人生を賭けたゲームである。

ベゾスに誘われてアマゾンのスタートに参加したシェル・カファンなども「シリコンバレー・ゲーム」のつもりで参加した一人だった。

カファンだけでなく、創業期に加わったプログラマーやエンジニアたちの目から見ても、スタート時点のアマゾンはゼロからの出発であり、ベゾスの「インターネットの本屋を始めるつもりです」という言葉も、周囲からはコンピュータオタクのつぶやき程度に受け取られていた。

失敗を覚悟すると心は軽くなる

ベゾス自身も、インターネットの将来性を信じていたし、アマゾンのビジネスが持つ可能性の大きさを信じていたが、初めからうまくいくとは期待していなかった。成功するにしても時間がかかると考えていた。ネット書店はまったく新しい試みである。そして、人は新しいことに慣れるのには時間がかかるのである。

ベゾスは顧客を数年かけて教育する必要があると考えていた。アマゾンの運営費としてベゾスは最初に自分の貯金を投じ、次に両親からの援助を受けているが、その際、両親には「お金を失う確率は70％」であり、その覚悟がなければ自分に投資すべきではないと、はっきり話している。

ベゾスはインターネットビジネスが成功する確率は10％、アマゾンが成功する確率は30％と見込んでいた。つまり、成功する可能性よりも失敗する可能性のほうが高いと見ていた。そしてこの覚悟こそが大切だったと、ベゾスは話している。

「失敗を覚悟すると、心は軽くなるのです」

絶対に失敗できないとなると、リスクは高いが成功に必要な決断ができなくなってしまう。失敗を覚悟してこそ、成功のために大胆に手を打てると考えていた。

その手を打つための資金を最初に出してくれたのは両親や友人たちだ。成功する確率がわずか30％なのに、それでもお金を出してくれたのは、みんながベゾスを信頼していたからにほかならない。

両親はインターネットの知識は持っていなかったが、ベゾスのことは信頼していた。「私たちはアマゾンではなく、ジェフに投資した」と、老後の資金30万ドルを快く提供している。

1997年、アマゾンは事業開始からわずか2年で株式を公開、両親や友人たちに莫大な富（1万ドルを投資していれば1億8400万ドルになった）をもたらすことになった。

1998年、ベゾスはレーク・フォレスト大学での講演で、資金を集める時のポイントとして、こんなアドバイスをしている。

「知人や身内から資金を集める時は、最初から（お金が戻らないかもという）最悪の事態を伝えておくのが賢明です。たとえ事業に失敗しても感謝祭の食事には同席できますから」

②　提携先の信用力を自分の信用力に使う

赤字体質のからくり

アメリカで若き天才たちが事業を興し、成功できる理由の一つは、将来性を見抜き、資金を投じてくれるベンチャーキャピタルと、目利きの人物の存在があるからだ。

クライナー・パーキンズ社のジョン・ドーアや、セコイア・キャピタル社のマイケル・モーリッツといった人物は、その代表だった。多くのＩＴ企業に資金を投じ、成功に導いている。

サービス開始直後から、アマゾンの利用者は増加し、事業も順調だった。わずか1ヵ月でアメリカ全州と、世界45ヵ国に本を発送するほどの広がりを見せている。３ヵ月後には

1日の注文が100件を記録し、それから1年もたたないうちに1時間に100件の注文を受けるようになった。

しかし、大きな問題があった。インターネットビジネスは利用者が増加して、サイトにアクセスする人が増えれば、処理スピードを落とさずに対応するために多額の投資を必要とするのである。

しかもベゾスは利用者が増えることでもたらされる利益を得ることよりも、顧客サービスの充実を優先した。利用者の増加が利益につながらないどころか、かえって費用の増大を招くことになったのだ。

その結果、アマゾンは事業が順調なのにもかかわらず、1994年末には5万ドルを超える損失を出し、翌年、損失は30万ドルに達する。

両親、友人たちから調達した資金を、サーバーやソフトウウェアのアップグレード、人材の採用に投入したが、再び資金が不足するのは目に見えていた。

1996年初頭、ベゾスにベンチャーキャピタルのゼネラル・アトランティック・パートナーズ社から投資の申し出があった。アマゾンにコンタクトをとった最初のベンチャーキャピタルで、金額は１００万ドルだった。売上高１５７０万ドル、赤字額５８０万ドルの企業としてはかなりの高評価だ。それだけのお金が入れば、アマゾンを一気に大きくしていくことができる。

これがベゾスの心に火をつけた。

お墨つきをもらえ

ベンチャーキャピタルに出資してもらえば、アマゾンを急成長させることができる。利益をあと回しにして徹底した顧客サービスを行って事業を拡大するのだ。そうすれば、他社がインターネット書店に本格参入する前に市場を支配することができる。利益はあとからついてくる。

一般の企業は、小さく始めて確実に売上や利益が上がるようになってから、拡大を志向するものだ。しかし、ＩＴ系ビジネスの場合、市場シェアが利益に直結すると考えられており、早い時点から市場シェアを追う。そのためには利益など無視していいという企業が少なくないのだ。

ベゾスも早くシェアを取りたかった。そのための資金を求めた。ただし、お金を出してくれるならどこでもいいというわけではなかった。狙いをつけたのはインターネットビジネスをよく知り、多くの有名ＩＴ企業とつながりのあるクライナー・パーキンズ社のジョン・ドーアだった。

「クライナーとジョンはインターネットという広大な世界の中心地です。彼らとの提携は、いわば一等地に店を構えるのと同じことなのです」とベゾスは言っている。

創業間もないアマゾンにとって、超一流のベンチャーキャピタルの投資を受けることは成功者というお墨《すみ》つきをもらうのと同じ価値があった。

では、一方のジョン・ドーアはベゾスをどう見たか。

「高笑いの男がエネルギーを全身から発散させつつ階段を駆け下りてきました。その瞬間、ジェフと仕事がしたいなと思ったのです」

１９９６年、アマゾンはクライナーから８００万ドルの投資を受けることに成功、ジョン・ドーアを取締役に迎えた。これにより、アマゾンは成長のためにお金の心配なしに何でもできるようになった。

③

投資家を泣かせても、とにかくシェアを奪え

利益を出すのは愚かなこと

株式市場は、短期的見返りを求めるあまり、結果が出るまでに長くかかる投資を理解しようとしない傾向がある。日々の株価の動きにとらわれ、できるなら四半期ごとに素晴らしい数字を出してくれるように経営者にプレッシャーをかけ続ける。

その結果、経営者もついつい短期の視点に立って、すぐに結果の出る経営へと走ってしまう。人員削減をするとか、海外に生産を移管するとかいう、長い目で見ればダメージになるが、とりあえずは「よくやった」とほめられる策に傾くのだ。

長期的な視点からすれば、株式市場を無視した経営を行いたい。だが、実際にそんなこ

とをするには、かなりの度胸が必要になる。

アマゾンは株式公開企業だが、ベゾスは早い時期から短期的利益を求めることは愚かだと切り捨ててきた。株式公開から2年あまりがたった1999年5月、ベゾスは株主総会で「会社はいつ黒字に転じると思いますか?」と質問され、こんな答え方をしている。

「アマゾン・ドット・コムは、いつか利益を上げることができるでしょう」

そして、インターネットにはたくさんのチャンスがあるから「今こそ投資すべき時だ」と言い、こう続けた。

「私たちは、どんな決断も、長期的展望に立って行っているのです」

ベゾスは創業以来、早く大きくなることには強いこだわりを見せているが、利益を生むことへのこだわりはほとんど見せていない。ほとんど株主無視である。それどころか、株主に対して「利益を急いで出すのは愚かなこと」「失敗も予期しておくように」といった経営者にあるまじき発言を堂々と行っている。

さすがに2000年代初頭に起きたITバブルの崩壊時には、ベゾスも利益を出すことへのこだわりを見せたが、かといって利益至上主義になったわけではない。2012年にも、営業利益率の低さを指摘されたベゾスは「利益率を上げる準備はできている」と言いながらも、あれこれ例をあげながら投資先が多いと言いつのっている。

アマゾンは長期的な視野で考える企業であり、アマゾンに短期的な見返りを求めるのは間違っているというのが、ベゾスの創業以来変わらぬ姿勢である。

「誤解は喜んで引き受けます」

こうした姿勢を理解する者もいるが、短期の見返りを望む者も当然多い。際限なく事業領域を広げていくベゾスの姿勢に不満を持つ投資家も少なくない。

「早く利益を上げて還元しろ」という人に対し、ベゾスは「悠長だという誤解は喜んでお引き受けします」と居直っているのだから、いい度胸だと言える。

しかし、長期的な視野に立つ理論的メリットはちゃんとある。

もし、ある仕事を3年間という時間軸の中で成し遂げるなら、たくさんの競合と戦うはめになる。しかし、それを7年で考えれば、競合の一部と戦うだけですむ。なぜなら、多くの企業は7年という時間軸を取れないからだ。まして時間軸を10年以上に延ばしていくと、とてつもない事業に乗り出すことが可能になる。それがベゾスの考え方だ。

グーグルは、「難しい課題に挑戦すればするほどライバルはいなくなる」と言っている。それに対してベゾスは、「長期的な視点に立てば立つほどライバルがいなくなる」と考えるのだ。視点の長さはそれだけで、競争するうえでの大きな武器にもなるのである。

ベゾスは、お金も人もブランド力もあってイノベーションを起こせない企業があるのも、長期的な視野に立てないからだと考えている。

「まっさらな状態からイノベーションを起こす時、5年、7年、10年と待つつもりで進めなければなりません。でも、10年待てる会社はなかなかないのです」

イノベーションには失敗もつきものだ。あるいは、うまくいったとしてもすぐに莫大な利益を生むわけではない。成功までには長い時間がかかり、先が見えない不安を耐える時期も必要になる。

そんな時、「いつになったら利益が出るんだ?」という社内や社外の声が強すぎるとせっかくのイノベーションの種を育てきれなくなってしまう。「悠長だ」と批判されようと、平然と居直るベゾスのような強さがイノベーションにも必要である。

4 儲けを投資家に渡すな

「自分と株価は別物だ」

投資家がアマゾンとつき合うのは、なかなか大変だ。投資家にとっては、企業がどれだけの利益を上げるかは大きな判断基準だが、アマゾンは平気で大赤字を計上するし、利益を計上したとしてもわずかだからである。

たとえば、２０１４年７月に発表されたアマゾンの第２四半期の数字はどうか。売上は１９３億ドルで、対前年同期比23％増になっている。それなのに、損益は７９００万ドルの黒字から１７００万ドルの赤字へと大幅にダウンしている。予想より大きい赤字に、アマゾンの株価は５％も急落することになった。

だが、ベゾスはその時期にスタートした数々のサービスを誇り、新たに予定しているサービスについても、誇らしげに語っている。利益の数字よりもサービスのすごさを見ろ、ということだ。

アマゾンの株価は損益よりも売上に基づいて評価される傾向がある。それは、投資家が、次々と新しい製品やサービスへの投資を続けるベゾスの経営手法を期待半分、不安半分で見続けていることを意味する。

株価が急降下した2000年には、ベゾスは「自分と株価は別物だ」と居直っている。こういう理屈だ。

「株価が30%上がったからといって30%頭がよくなったと君たちが感じることはないはずだ。それなら株価が下がった時も、30%頭が悪くなったと感じなくていいだろう」

日々の株価の動きを気にするあまり長期的な視野を見失うのは、確かによくないことだ。その点、ベゾスは早くから株式市場や株主からの短期的な要求には応じないと言い続けている。そして、長期的な企業価値の向上に注力している。そこにアマゾンの強さの一端があるが、投資家や株主にしてみれば、何とも厄介な存在でもある。

再投資で未来を買え

アマゾンはサービス開始から2年もたたない1997年5月に株式公開を果たしている。1株当たり18ドルで300万株を売りに出し、合計5400万ドルを手にした。

だが、この時、なんとアマゾンは赤字だったのである。いくら世界100ヵ国に34万人のユーザーを抱えていたとはいえ、なぜ赤字企業が株式公開をすることができたのか。

理由の一つは当時、アメリカに吹き荒れていたITバブルだ。

IT系企業に対する期待ばかりが先行した結果、1995年に、ネットスケープコミュニケーションズが創業1年で利益が出ていないにもかかわらず株式公開を果たした。株式公開をするためには少なくとも数年間は利益を出す必要があるという暗黙の前提が崩れてしまったのだ。

その恩恵を受けて、アマゾンもすんなり株式公開ができたのである。

当時、アマゾンを取り巻く環境はとても厳しいものだった。ライバルであるバーンズ＆ノーブルは、アマゾンがうたう「地球最大の書店」といったキャッチフレーズに異議を唱えて裁判に訴えていた（のちに和解）。事業の急拡大による赤字も増える一方だった。それでもベゾスは強気の姿勢を崩すことはなかった。こう話している。

「今、利益になったはずのものを事業の未来に再投資しているのです。アマゾンで今、利益を出すのは最悪の経営判断だと言えます」

こうした利益無視の姿勢にもかかわらず、ITバブルに踊った人たちがアマゾンの株式公開を強力にあと押しすることになった。

その後、アマゾンの株価は飛躍的に上昇し、2000年のITバブルの崩壊で大幅に下落、そしてバブルを乗り越えたあとは再び上昇軌道に乗っている。

だが、ベゾス自身はこうした株価の上下に関心を示そうとはしなかった。

株式市場は、企業価値と離れた動きをすることがある。実力がないにもかかわらず高い株価がつくこともあれば、逆もある。こうした気まぐれな動きを、ウォーレン・バフェットは「市場は短期的には投票計。長期的には重量計です。最終的には重さが肝心なのですが、短期的には投票数が重視されます」と評して、揺れ動く株価ではなく真の企業価値を知ることが投資では大切だと説いているが、その点ではベゾスも同様だった。

5 わかりやすい会社になるな

レッテル貼りを嫌え

初期のアマゾンは、投資家にとってわかりやすい存在だった。「地球最大の書店」というキャッチフレーズが言い表しているように、インターネットを通じて本を販売している会社というだけで説明できた。

だが、その後のアマゾンは取扱商品を増やし続けた。さらに、オークション部門に進出したり、女性の衣料品や雑貨を扱う「ショップ・ボップ・ドット・コム」や赤ちゃん用品を扱う「ダイパーズ・ドット・コム」、靴や衣類を扱う「ザッポス・ドット・コム」といった企業の買収を推し進めている。また、クラウドコンピューティングを使った「ＡＷＳ

（アマゾン・ウェブ・サービス）」を提供しているかと思えば、キンドルによって電子書籍の世界を切り開いてもいる。2014年にはスマートフォンさえ手がけ始めている。さらにベゾスに関して言えば、ワシントンポストの買収も行うなど、活動はさらに広範囲に渡っている。

「アマゾンとはどんな会社なのか」「ジェフ・ベゾスとは何をやっている人なのか」をひと言で言い表すのは、今やとても難しい。

これは、投資家にとっては困った事態である。

しかし、ベゾスは早い時期からこうした状態を目ざしていたようだ。

ITバブルがはじける少し前、ベゾスは取扱製品を急激に拡大していることについて、「ウェブ界のウォルマートになることを目ざしているのか」と聞かれ、「ウェブ界の誰々になろうとしているわけではありません」と、ニベもなく答えている。

マスコミや世間は「○○界の誰々」といったレッテルを貼る言い方が大好きだ。「ウェブ界のウォルマート」も、流通業界のナンバーワン企業ウォルマートにアマゾンをたとえた表現である。

しかし、ベゾスはこうした表現を無意味だと思っている。確かにわかりやすい比喩《ひゆ》ではあるが、ベゾスのように次々と新しいことに挑戦するタイプには、比喩はあっという間に陳腐化する。

答えは常に「なぜやってはいけないの？」

ベゾスは成功する方法について、こんな言い方をしている。

「安易な類推を、どれだけうまく無視するかだ」

その言葉通り、ベゾスはアマゾンをつくり変え続けている。

企業の多角化は大きなリスクをはらんでいる。本業の強みを生かすことができる分野ならともかく、たとえばキンドルのようなハードウェアの開発はアマゾンにとって未知の分野であり、決して強みが発揮できるとは思えなかった。アップルなどに叩きのめされるのが落ちだと見る人が少なくなかったが、ベゾスは果敢に挑戦している。

当然、株主、さらには社内の強い抵抗を受けた。ベゾスはこう話している。

「これまで携わった新規事業は、どれも最初は部外者に、いや、時には社内の人間にまで散漫とみなされた」

普通は批判を浴びれば、動きが鈍ることもあるはずだが、ベゾスはまるで意に介さない。得意なことに集中しろ、それ以外は「餅は餅屋」に任せたほうがいい、という声にこう反論している。

「ビジネスにおいてよく出る疑問は『なぜそんなことをやるの?』というものです。いい質問です。でも、とするなら『なぜやってはいけないの?』という疑問も、それと同じくらい正当性があるのです」

ベゾスの「なぜやってはいけないの?」という問いに論理的な答えを用意できないとすれば、「なぜそんなことをやるの?」は単なる反対のための反対になる。あるいは、失敗を恐れての反対になる。

ベゾスに「なぜそんなことをやるの?」と聞く以上は、「なぜやってはいけないの?」への答えが不可欠だ。納得のいく答えがない限り、アマゾンの拡大は止まらない。

アマゾンは、株主にとって、ますますわかりにくい会社になっている。

6 大切なのは投資家よりも未来

「宇宙へのアクセスを安価にしたい」

ベゾスは利益を追わずに夢を追っているという見方もできるだろう。

2000年、ITバブルの崩壊に端を発した株価の急落によって、アマゾンは厳しい状況に追い込まれた。世の中がバブルに浮かれていた頃は、アマゾンが利益を無視して拡大路線を走ることを非難する声はまだ大きくなかったが、株価が急落すると、ベゾスに対しても「経営者らしいことをしろ」という圧力が強まり、さすがのベゾスも経費削減などに取り組んでいる。

しかし、その一方でベゾスはアマゾンの拡大をあきらめないばかりか、夢を小さくまとめるようなこともしなかった。部外者には面白い人間であり、利益関係者からはなんとも腹立たしい経営者だろう。

たとえば2000年、ベゾスは子どもの頃から抱き続けた夢を実現するためにワシントン州に宇宙探査の会社「ブルーオリジン」を設立している。

ベゾスの子ども時代の夢は、宇宙飛行士か物理学者になることだった。高校時代、NA《ナ》SA《サ》（アメリカ航空宇宙局）後援の学生コンテストに「普通のイエバエの老化速度に対する無重力の影響」という論文で応募、NASAマーシャル宇宙飛行センターへの旅に招待されている。

そんなこともあって、将来は商用宇宙センターをつくりたいと公言していたし、そのためにお金持ちになりたいとも考えていた。物理学者の夢はプリンストン大学時代にあきらめたものの、宇宙への夢は持ち続け、宇宙探査開発学生連盟という学内グループに所属していた。

きっかけは、5歳の時に見た宇宙船アポロ11号の月着陸だった。宇宙飛行士ニール・アームストロングが月を歩くのを見て、科学、物理、探検への情熱をかき立てられたのだ。

ただし、ベゾスは大金を投じて自分一人が宇宙へ行ければいいという人物ではない。ベゾスは「人類を月へ」という壮大なビジョンの下で進められたNASAの活動そのものに敬意を表している。そして「私は、宇宙へのアクセスをもっと安価にしたいのです」と言っている。

さらに、ブルーオリジンを設立したのは予算を削減されて低迷しているNASAに失望したからではないと言っている。

「NASAは国の宝です。5歳の子どもを感動させられる政府機関がいったいいくつあるでしょうか。NASAの仕事は技術的にはとても難しく、しかもどうしてもハイリスクとなります。そのなかでNASAは素晴らしい仕事をしてきました」

そして、アマゾンのような企業でも宇宙開発にかかわることができるのは、NASAの肩に乗り、その成果と創意工夫を利用できるからだと続けている。

人類を相手にせよ

2012年3月、ベゾスは自身のブログで、アポロ11号を月へと運んだ「F―1」ロケットエンジンが大西洋の海底に沈んでいることを発見、引き揚げる計画を進めていることを発表した。それは子どもたちに宇宙への夢を与えるプロジェクトでもあった。

エンジン回収はベゾスとＮＡＳＡの合意のもとに行われ、資金はベゾスが提供するものの、エンジンの所有権はＮＡＳＡにあり、回収されたエンジンはワシントンＤＣのスミソニアン博物館やシアトルの航空博物館で展示されると発表された。

２０１３年に無事回収されたエンジンは、発射時の高熱と、43年間も海底にあったことで腐食が激しかったが、数ヵ月に及ぶ調査を経て、アポロ11号のエンジンであることを示すユニット番号「２０４４」を見つけ、決着がついた。

ベゾスにとってエンジン回収は本業に何のメリットもない。知名度は上がるかもしれないが、ベゾスはもともと有名人である。売名行為に走る必要はまるでなかった。

にもかかわらず、ブルーオリジンを設立し、エンジン回収に資金を投じた理由を、こう語っている。

「今回のプロジェクトによって、何かを発明したい、冒険をしてみたいとそう考えた子どもたちもいたのではないでしょうか」

ベゾスは、テクノロジーが人類をもっと幸せにできると信じている。だからこそブルーオリジンをつくったのだ。

ただ、その夢の素晴らしさは、もっと利益を還元してほしい投資家にしてみれば、なんとも歯がゆいものであるに違いない。

第6章◎それでもアマゾンは顧客のためにある

君はまだ金をあがめるのか。現代の神はユーザーだろう

1 なぜベゾスはすべてに犠牲をしいるのか

驚くべきエピソード

信じる正義のためにはすべてに犠牲をしいるベゾスの性格は、どうつちかわれたのだろうか。手がかりを求めて、幼い頃からのエピソードをたどってみよう。

ベゾスは1964年1月12日、米国ニューメキシコ州アルバカーキで生まれた。母ジャッキー・ガイスはまだ17歳の高校生だった。ジャッキーはベゾスの実父テッド・ジョーゲンセンとはすぐに別れ、ミゲル・マイク・ベゾスと1968年に結婚、ベゾスは正式にマイクの養子となっている。

ベゾスは10歳になって養子であることを両親から聞かされているが、特に悩むこともなかったようだ。実の母親とは生まれてからずっと一緒だったからだろう。

父マイクはキューバ出身で、総合エネルギー企業エクソン（現エクソンモービル）の技術者だった。多くのキューバ人が、カストロ社会主義政権の恐怖から逃れるために子どもをアメリカに移住させているが、マイクもその一人だった。わずかの荷物だけを持ってアメリカに渡ったのち、英語をマスターし、ニューメキシコ州のアルバカーキ大学工学部を経てエクソンに入社している。

技術者である父親の影響もあったのだろう。ベゾスは幼い頃から探究心が強く、意思が強かった。

3歳の頃、ベビーベッドではなく普通のベッドで寝たいと言ったが、母親はまだ幼すぎると聞き入れなかった。ところがベゾスはあきらめず、ドライバーを使ってベビーベッドの柵《さく》を外して普通のベッドにつくり変えようとしている。母親はここまでできるなら大丈夫だと考え、ベゾスの言う通りにした。

あるいは、公園の足こぎボートに乗せたところ、ほかの子どもが母親を見て手を振っているのに対し、ベゾスだけはボートの中をのぞき込み、ケーブルやプーリー（滑車）がどう動いているのかを熱心に観察していた。

また、幼稚園時代には何かを始めると夢中になるため、次の課題をやらせるためには、イスごとベゾスを移動させるほかはなかったという。

「あの子は早熟で意思が強く、驚くほど集中力がある」というのが、幼いベゾスについての母ジャッキーの感想である。

アイドルはディズニー

やがてベゾスは電子機器に夢中になる。小学生時代になると、流行していた組み立て式電気製品ヒースキットでラジオをつくったり、実験装置や警報器をつくったりし始める。その量はすさまじいものだった。コンピュータに触れたのも、この頃だ。こうした生活を通して、自分でものをつくる力を身につけていくことになった。

本も読むようになった。憧れたのは発明王トーマス・エジソンと、ウォルト・ディズニーだ。特に、ディズニーランドをつくり上げたディズニーの強烈なビジョンには興味をかき立てられた。自分が何をつくりたいのかをちゃんと知り、必要な人材をまとめ、銀行から融資を引き出し、誰も成功するとは思わなかったディズニーランドを完成させた起業家としてのディズニーを心の底から尊敬していた。こう言っている。

「ディズニーには、一人では実現できないほど大きなビジョンがありました。あれほど多くの人をチームにまとめ、一つの方向に向かわせられたのはすごいと思います」

小学校の頃、インフィニティ・キューブという電動の万華鏡《まんげきょう》のようなものを買ってもらえず、自分でつくり上げた。その時、こんな言葉も残している。

「この世界って、教えてもらってスイッチさえ入れればいいって感じだよね。でも、考える力を持たなきゃ」

やがて高校生になったベゾスは、高3の夏休みに小学生を対象とした2週間のサマースクールを開催した。一人150ドルで核融合やブラックホールなどについて教えたのだが、重視したのは「単に教えるのではなく、その応用を求める」ことだった。

与えられた機械を使うだけでなく、新しい機械をつくる。知識を覚え込むだけでなく、応用して何かを生み出す。ベゾスは高校を卒業生総代で卒業するほど優秀だったが、秀才というより、自分でアイデアを出し、何かをつくるのが得意な生徒だった。

2 いつ顧客がベゾスの神になったのか

アマゾンの三つの原動力

アマゾンには原動力となる三つの考え方がある。

①常に顧客中心に考える
②発明を続ける
③長期的な視野で考える

これらには、ベゾスの成長体験が強く影響していると言える。

ベゾスの最初のロールモデル（成功規範）は、母方の祖父ローレンス・プレストン・ガイスである。アメリカ国防総省の研究機関DARPA《ダーパ》（国防高等研究計画局）で宇宙工学とミサイル防衛システムの仕事をし、引退後は、テキサス州にある先祖代々続く牧場で暮らした。ベゾスが宇宙への興味を持った理由の一つは、祖父が話してくれたロケットやミサイルの話だったという。

牧場は商店や病院まで160キロも離れた大自然の中にあり、ベゾスは4歳から16歳まで毎年、夏を過ごしている。そこは、生きていく技術を学んだ第二のわが家だった。

ベゾスは牛舎の掃除や牛の焼き印、飼育といった牧場作業のすべてを経験しただけでなく、水道の配管工事やブルドーザーの修理まで経験している。祖父は、ブルドーザーのエンジンが壊れれば自分で修理でき、小さなクレーンなら自分でつくるほどの腕を持っていた。風車も自分で直せば、荒れた道もならしていた。

それを見て、自分でも経験したベゾスは「初めてのことをしようと思えば、そこまでしなくてもと思われるくらい根気よく作業を進める必要があります」と思うようになった。

機械が壊れたら自分で直せばいい。機械がなければ自分でつくろう。熱心に根気よくやり続ければ、たいていのことは解決できるという自信を、ベゾスは牧場での仕事を通して身につけていくことになった。

「洗車させていただけますか」

時間が飛ぶが、1994年9月、ベゾスは本の販売について学ぶために全米書籍販売業者協会主催の4日間の入門講座を受講した。そして、カスタマーサービスに関するとてもためになる話を聞くことになった。

ある書店に来たお客様が、店の2階のバルコニーから植木鉢の泥が垂れてきて車が汚れたとクレームをつけてきた。店主は「洗車させていただけますか」と言って洗車できるガソリンスタンドを教えたが、あいにく改装中だった。そこで、怒るお客様の車を店主は自宅へと運び、丁寧に洗い始めた。その車はいつ洗車をしたのかと思えるほど汚れており、塗装もはがれかかっていた。だが、店主は最新型のキャデラックであるかのように扱い、ピカピカに磨き上げた。

お客様は感激し、午後再び来店してたくさんの本を買ってくれたばかりか、店の親切さを広める口コミ源になってくれたという。

この話を聞いたベゾスは、カスタマーサービスでやりすぎるということはないし、特に本を売るビジネスではこうした姿勢が必要だと痛感したという。

ベゾスはアマゾンのサービス開始まで長い準備期間を置いているが、それはすべて「初めてのことをしようと思えば、そこまでしなくてもと思われるくらい根気よく作業を進める」必要があるという考えからだった。

その仕事ぶりを、アマゾンのベータテストを経験した人物が、こう話している。

「今日の企業は、たとえサイトに欠陥がたくさんあっても、見切り発車的にサービスを開始せざるを得ないんです。でもアマゾンは、時の流れが恐ろしく速いネットの世界においてでさえ、数ヵ月かけて、生身の人間の手を借りてバグを取り除きました」

その甲斐あって、アマゾンのスタート時には不具合の98％は解消され、想定外の問題が起きることはなかった。

アマゾンのような新しいことをやろうとすれば、借り物を使わず、すべてをゼロからつくり上げることが必要だ。当然、問題も起こる。しかし、そんな時も決してあきらめず、熱心に、根気よく、丁寧にやり続ければ問題は解決するものだ。

ベゾスはこうした自信や信念を少年時代の牧場で祖父から学んだと言える。

3 どこでベゾスは「啓示」を受けたのか

年に2300%成長していたもの

ベゾスは学生時代から自分の会社を興すことを夢見ていたが、大学卒業時には、ビジネスや世界の仕組みを勉強するために、いったんは企業に就職している。これがベゾスに幸運をもたらす。それは、1994年、D・E・ショー社時代のことである。

ベゾスは小学校で初めてコンピュータに触れて以来、コンピュータを20世紀に人類が生み出した素晴らしいツールと高く評価していた。大学でもコンピュータサイエンスと電気工学を専攻し、コンピュータ関連のクラスは全部とったというほどのめり込んでいる。

ベゾスがコンピュータ能力を買われてファイテルに就職したのは1986年だが、19

90年代に入ると、コンピュータの魅力を何倍にもするインターネットの普及が進み始める。使いこなしたり、ビジネスに活用したりする人はまだほとんどいなかったが、インターネットの将来性は高く評価されていた。

「ある仕事をなすには、それにふさわしい時代に生まれ合わせることが必要だ」というのは、パナソニック創業者の松下幸之助氏の言葉である。ベゾスがまさにそうだ。卒業してすぐに起業していれば、アマゾンというアイデアに出会うことはなかった。

1994年春、ベゾスは、ボスのデビッド・ショーからインターネット事業が持つ可能性についての調査を命じられた。調査するうちにベゾスは驚くべき事実に気づく。ウェブの使用状況が実に年率2300%という驚くべき数字で成長しているのだ。

作家のジョン・クォーターマンが発行しているニュースレターに、1993年1月から翌年1月の1年間で、ウェブ上でやり取りされるバイト数は2057倍に増え、パケット数は2560倍に増えていると分析されていたのだ。

ベゾスはここから2300%という数字を出した。それは、100人のサークルが3年間同じペースで成長すれば100万人を優に超えることを意味していた。

ベゾスはこの数字を見て、めったにないことだと興奮した。
「年に2300%成長するものは、今日はまだ目につかなくても、明日になれば巷《ちまた》にあふれるようになります」

大きな趨勢を見るな、小さな変化に乗れ

100人のサークルには気づかなくとも、100万人の規模になれば誰だって気づく。しかし、その途中で誰も気づかないのはなぜか。ベゾスは「人間は指数関数的な成長を正しく理解するのが苦手なものだ」と理解した。

同じ現象、同じデータを見ても、コンピュータやインターネットへの関心が薄ければ見過ごしてしまうだろう。「その先」への関心がなければ「へーっ、すごいな」で終わってしまうはずだ。こうした人たちとベゾスが異なっていたのは、ベゾスがコンピュータに精通していただけでなく、ビジネスへの深い関心を抱いていた点だ。

ベゾスにとって、この驚くべき数字は神の啓示とでも言えるものだった。「これ以上のビジネスチャンスはあるのだろうか」と考えた。

1994年頃まで、インターネットは国防省が主導し、大学や政府機関によって整備が進められていた。だが、同年に政府が手を引いたことによって民間の参入ができるようになり、ネットは爆発的な発展期を迎えたのだった。ベゾスはまさにその最初の発展期に驚くべき数字を目にしたのである。

ベゾスは、一歩進めて「これほどの成長にマッチするのはどのような事業計画だろう」と考え始めた。

驚異的な成長はチャンスにつながる。ベゾスとデビッド・ショーは、インターネットの持つ可能性をどうビジネスに結びつけるかを考えるようになった。

変化が趨勢《すうせい》になってから気づく人はたくさんいるが、ごく小さな変化の時に気づき、さらに、それを生かすべく行動を起こす人はほとんどいない。ここに大きな分かれ道がある。

「真に重要なことは趨勢ではない。変化である」

これは経営評論家のピーター・ドラッカーの言葉である。本当にチャンスをもたらしてくれるのは小さな変化であり、みんながなだれを打つ趨勢ではない。小さな変化に気づき、即座に行動を起こす人だけが、時代の変革者となり得るのだ。

4 何がベゾスに大バクチを打たせたのか

ボスの正しい指摘

ベゾスはインターネットのすさまじい成長に気づき、インターネットで本を売るというビジネスを思いつく。だが、すぐに会社を辞めて起業を目ざしたわけではない。まずは自分が働くＤ・Ｅ・ショー社のトップ、デビッド・ショーにアイデアを提案している。

もともとネットの可能性について調べるように言ったのはショーだ。そのことを忘れてさっさと起業するほどベゾスは愚かではなかった。

ショーは、ネットの持つ可能性を高く評価し、自分自身、１９９６年には無償電子メールサービスの「ジュノ」や、個人の財産管理をショーのサイトでできるようにするオンラインサービス「ファーサイト」といった事業を立ち上げている。

だが、驚くことにショーはベゾスのアイデアは却下している。

たいていの人ならトップに「ノー」と言われればあきらめるものだが、ベゾスは会社を辞めてビジネスを始めるとショーに告げる。ベゾスの才能を買っていたショーは、アイデアの素晴らしさは認めたうえで、こう説得した。

「今の仕事は安定しているし、給与もよければボーナスもたくさんもらえる。それを辞めて不安定なスタートアップに身を投じる必要はないだろう」

ショーの言う通りだった。

ベゾスは30歳の若さで上級副社長になり、十分な報酬を得ていた。このままいけば、順調にキャリアが築かれ、富を得ることができた。

一方、起業にはリスクが伴う。スタートアップ企業が成功する確率は低い。失敗すればせっかく築き上げた地位も、将来のキャリアや富もすべて失うことになる。

そういうリスクを冒していいのは、まだよい仕事についていなくて失うものの少ない人間ではないか、とショーはベゾスを説得した。

迷ったら「後悔最小化フレーム」で決める

ショー自身、スタンフォード大学コンピュータサイエンスの博士号を持ち、コロンビア大学のコンピュータサイエンス学部の教授を経て、証券会社モルガン・スタンレーのテクノロジー担当副社長となった経歴の持ち主だった。その職を捨て、1988年にD・E・ショー社を立ち上げた起業家だった。

それだけに、素晴らしいと信じるアイデアに出会い、その実現のために「起業したい」というベゾスの気持ちもよくわかった。しかし、それでも金融業界とは畑違いの「本を売る」ビジネスでの起業にはリスクが高すぎると感じていた。

だからこその忠告だった。そして説得力があった。

難しい決断に思えたが、ベゾスはある論理によって、案外あっさり答えを出している。

それは、ベゾスが「後悔最小化フレーム」と呼ぶ理論だ。年を取って人生を振り返った時、どちらの道を選んだほうが後悔をしないですむのかと考えるのである。

こう話している。

「80歳になった時に、1994年のウォール街のボーナスをその年の半ばで棒に振ったことを後悔する可能性はゼロ。そんなことはきっと覚えてもいない。でも、この絶対にいけそうなインターネットに首を突っ込まなかったとしたら、後悔する可能性はかなりある。挑戦して失敗しても、後悔はしないだろう。そう考えたら、決断するのは信じられないくらい簡単になった」

ベゾスには、ほかの選択肢もあった。時間をかけてデビッド・ショーを説得すればいい。もし了解を取りつけることができれば、起業というリスクを冒すことなくビジネスを始められる。

だが、時間をかけることはチャンスを逃すことと同じだった。

インターネットラッシュがそこに近づいており、しかもそれは驚くほどの巨大な鉱脈であることを誰も気づいていなかった。ベゾスの前にはチャンスがほぼ手つかずのまま転がっているようなものだった。かといって安心しているわけにはいかなかった。ベゾスが気づいたのと同じようなことに気づいて先に事業を立ち上げる人がいれば、ベゾスの挑戦は一気にリスクの高いものになってしまうのだ。

5 なぜベゾスは満足を知らないのか

「いつも今日がデイ・ワンだ」

2012年末現在、アマゾンの本社は14のビルから成っている。

その中核が「DAY1《デイ ワン》北」と「DAY1南」という2棟の建物だ。「DAY1」という変わった名前は、株式公開以降、ベゾスが頻繁に口にしてきた言葉に由来している。

アマゾンの株主たちに当てた最初の手紙にベゾスはこう書いている。

「今日という日はインターネットが始まった第1日目（デイ・ワン）です」

ベゾスがインターネットの爆発的な成長に気づいたのは1994年である。その少し前の1991年にインターネットの民間での利用が可能になることで状況が大きく変化し、

1993年にイリノイ大学アーバナ・シャンペーン校のグループが「モザイク」というウェブブラウザーを開発した。

同グループ出身のマーク・アンドリーセンがウェブブラウザーの会社ネットスケープコミュニケーションズを創業、アップルのマッキントッシュや、マイクロソフトの「ウィンドウズ」を搭載したコンピュータ上で動作する「ネットスケープナビゲーター」を開発したことでインターネットは広く利用可能なものとなった。

インターネットが主流になったのは1993年9月から1994年3月のことであり、まさに絶好のタイミングでベゾスは「インターネットで何かできないか」を探ることになったと言える。

ネットを通じた本の販売に関しても「ブックス・ドット・コム」といった先駆者もいて、もっとうまくやる研究をすることもできた。

それからすぐにベゾスはアマゾンを創業、一気にすさまじいばかりの成長を遂げているが、ベゾスが「デイ・ワン」を口にしたのは1997年であり、確かにインターネットが主流になったと言われている1994年からほんの3年しかたっていなかった。1998

年、ベゾスはこんな言葉を口にした。

「今わかっているのは2%です。電子商取引についてアマゾン・ドット・コムは他社に負けない知見を有していると思いますが、それでも、10年後に知っているであろうことの2%しか知らないはずです。電子商取引にとって今はライト兄弟が初飛行に成功した時代のようなものであり、面白いものは大半がまだ発明されてもいない段階なのです」

未知の大陸が大きいほど意欲の海岸線は長くなる

人間はずいぶんとたくさんのことを知り、たくさんのものを生み出しているように見えて案外そうでもないようだ。

本田技研工業創業者の本田宗一郎《ほんだそういちろう》氏は晩年、ミュンヘンの科学博物館を見学した際、直径3メートルの円盤にわずか5センチ程度、扇形《おおぎがた》に色が塗られているのを見て、とても驚いている。

円は宇宙に残された未知の分野であり、色を塗られた部分が人類の発見した分野だった。塗られた部分には当然、自分の仕事も含まれていた。

本田氏は、「俺のためにこれだけ未知の世界が残されていると思えば、かえってファイトが湧くじゃないか」と感想を口にしたという。

人類が発見した分野がわずかだとしたら、インターネットのようにすさまじい勢いで日々発展している分野ならベゾスが常に「第一日目」を強調するのもとてもよくわかる。アマゾンがすぐれたものを次々と生み出したとしても、周囲はより速いスピードで進化している可能性だってあるのだから。

それを忘れて「俺たちは何でも知っている」「インターネット業界の覇者は自分たちだ」などといい気になった瞬間に凋落が始まることになる。変化の速い世界では現状に満足すること、現状維持は退歩と同じことなのだから。

そうならないためにもベゾスは「デイ・ワン」を強調しているし、本気でそう考えているのだろう。

インターネットの世界はすさまじいスピードで発展し、競争も激しい世界である。

だが、発展の余地が大きいだけに「エキサイティングでわくわくする」というのがベゾスの考え方だ。

今後どこまで発展するかわからない世界だけに、いつだって「デイ・ワン」の気持ちで臨む。未知の部分が大きければ大きいほど「ファイトが湧く」のが起業家であり、開拓者なのだ。

ジェフ・ベゾス「人物」データ――リーダーシップ理念14条

本書でおわかりのように、ジェフ・ベゾスは根っからの悪人でもなければ、清らかな善人でもない。善悪や陰影の振れ幅が大きく、私たちの日常的な仕事や人間関係の判断基準では、人物を判定するのが難しい。

そこで、2つのアマゾン内部データを、ベゾスという人間をどう見るかの参考にしていただきたい。それぞれ、タテマエ的にきれいにまとめられてはいるが、本書を一読したあとであれば、ベゾスのホンネが見えてくるはずだ。

1つは、アマゾンの「リーダーシップ理念14条」である。アマゾンの日本語版を含むホームページに、かなり前から掲載されている。

アマゾンでは、まず、「安全」「5S《ごエス》」「顧客主義」「チームワーク」「改善」「リーダーシッププリンシプル（Our Leadership Principles 理念）」の6つを「オペレーション部門で大切にしていること」にあげている。要約してみよう。

「安全」……最も大切にしていること
従業員の安全を第一に考え、安全を脅かす可能性が少しでもあれば、作業の見直しを現場に働きかけたり、安全意識を高めるキャンペーンを開催したりする。

「5S」……整理、整頓《せいとん》、清掃、清潔、躾《しつけ》
異常を検知できる環境を整備することで安全を確保する、お客様に届ける製品の品質を確保する、という2つの目的がある。

「顧客主義」……アマゾンにおける最重要ミッション
期待を超えられるように、商品をより早く、より安い価格で、より確実に届ける努力をする。なお、アマゾンにおける「カスタマー」は、ビジネス上で接する相手全般をさす。

「チームワーク」……仲間との信頼関係
部下や上司といった仲間への尊敬がなければ、強い信頼関係を築くことはできず、いい仕事を成し遂げることはできない。

「改善」……日々の改善活動

アマゾンの成長に伴い、改善すべきことも増えていく中で、従業員一人ひとりが真剣に業務改善に取り組むことで、自身の成長につなげていく。

そして、6つめが**「リーダーシッププリンシプル」**だ。

アマゾンでは、マネジャーであるかどうかにかかわらず、全員がリーダーとしての行動を求められる。つまり、「リーダーシップ理念14条」は、すべてのアマゾニアンがこれに従った行動をするよう心がける信条である。

①カスタマーへのこだわり（Customer Obsession）

リーダーはカスタマーを起点に考え行動します。カスタマーから信頼を獲得し、維持していくために全力を尽くします。リーダーは競合に注意を払いますが、何よりもカスタマーを中心に考えることにこだわります。

②オーナーシップ（Ownership）

リーダーにはオーナーシップが必要です。リーダーは長期的な視野で考え、短期的な結果のために、長期的な価値を犠牲にしません。リーダーは自分のチームだけでなく、会社全体のために行動します。リーダーは「それは私の仕事ではありません」とは決して口にしません。

③新たな方法を模索し、簡略化を図る（Invent and Simplify）

リーダーはチームにイノベーション（革新）とインベンション（創造）を求め、常にシンプルな方法を模索します。リーダーは状況の変化に注意を払い、あらゆるところから新しいアイデアを探し出します。それは、自分たちが生み出したものだけには限りません。私たちは新しいアイディアを実行するうえで、長期間にわたり外部に誤解され得ることも受け入れます。

④適切なリスクをとり、正しく判断する（Are Right, A Lot）

リーダーは多くの場合正しい判断を行います。リーダーは強い判断力を持ち、経験に裏打ちされた直感を備えています。

⑤最良の人材を採用・育成する（Hire and Develop the Best）

リーダーはすべての採用や昇進においてパフォーマンスの基準を引き上げます。すぐれた才能を持つ人材を見きわめ、組織全体のためにすすんで人材を活用します。リーダーはリーダーを育成し、コーチングに真剣に取り組みます。

⑥最高水準の追及（Insist on the Highest Standards）

リーダーは常に高い水準を追求します。この水準は高すぎると感じられるかもしれません。リーダーは継続的に求める水準を引き上げていき、チームがより品質の高い商品やサービス、プロセスを実現できるように推進します。リーダーは不良を下流に流さず、問題を確実に解決し、再び同じ問題が起きないように改善策を講じます。

⑦広い視野で構想する（Think Big）

狭い視野で考えてしまうと、大きな結果を得ることはできません。リーダーは大胆な方針と方向性をつくり、示すことによって成果を導きます。リーダーはお客様に貢献するために従来と異なる新たな視点を持ち、あらゆる可能性を模索します。

⑧行動へのこだわり（Bias for Action）

ビジネスではスピードが重要です。多くの決定や行動はやり直すこともできるため、分析や検討を過剰に行う必要はありません。計算されたリスクをとることも大切です。

⑨倹約（Frugality）

私たちは、お客様にとって重要でないことには、あえてお金を使わないようにします。倹約の精神は、リソースを効果的に活用するための創意工夫、自立心、さらに、発明を育てる源となります。スタッフの人数、予算、固定費は多ければよいものではありません。

⑩自己批判もきちんと表明する（Vocally Self Critical）

リーダーは自分やチームの欠点や間違いを率直に認めます。たとえお互いが気まずい思いをすることがあったとしても、問題や事実に正面から立ち向かいます。リーダーは常に自分たちを最高水準と比較、評価します。

⑪周囲の信頼を確立する（Earn Trust of Others）

リーダーは強い信念を持ちつつ、真摯《しんし》にいろいろな意見を受け入れ、誠実に耳を傾け、謙虚であり続けます。

⑫とことん深く掘り下げる（Dive Deep）

リーダーはすべてのレベルの業務に関与し、常に詳細を把握して頻繁に現状を監査します。リーダーが関心を持つに値しない業務はありません。

⑬意見を異にできる気骨があり、しかし決めたらコミットする

（Have Backbone; Disagree and Commit）

リーダーは、賛成できない場合には、敬意を持って異議を唱えなければなりません。たとえそうすることが面倒で労力を要することであっても例外ではありません。リーダーは、信念を持ち、容易にあきらめません。安易に妥協して馴《な》れ合うことはしません。しかし、いざ決定がなされたら、全面的にコミットして取り組みます。

⑭確実な成果を上げる（Deliver Results）

リーダーは、ビジネス上の重要なインプットにフォーカスし、適正な品質で迅速《じんそく》にそれを実行します。たとえ困難なことがあっても、立ち向かい、決して妥協しません。

ジェフ・ベゾス「判定」データ——クールか、クールじゃないか

ベゾスという人間をどう見るかの参考にしていただきたいもう1つのデータは、「アマゾン・ドット・ラブ」と題されたベゾス直筆のメモに記された一節だ。特にタイトルはないが、「クールか、クールじゃないか」と題してもいいだろう。

『ジェフ・ベゾス　果てなき野望』（ブラッド・ストーン著　井口耕二訳　日経BP社）に、著者が匿名の人物から入手したものとして紹介されており、原文は確認できないので、そのまま引用させていただく。

メモは、アマゾンへの攻撃が激しくなり始めた2011年頃のものと推定され、あるチームの研修会でメンバーに配布されたという。

そこには、顧客に好感を持たれ、クールだと見られているアメリカの大企業の例もあげ

られている。

アップル、ナイキ、ディズニー、グーグル、ホールフーズ（食料品スーパーマーケットチェーン）、コストコ、UPS（貨物運送会社ユナイテッド・パーセル・サービス）などだ。

逆に、顧客から恐れられることの多い企業として、次の例があげられている。ウォルマート（世界最大のスーパーマーケットチェーン）、マイクロソフト、ゴールドマン・サックス（世界最大級の投資銀行）、エクソンモービルなどだ。

ベゾスは、この4社は創意工夫に富む会社ではあるが、いずれも発明家や開拓者とは見られていないという共通点があると分析している。そして、アマゾンが愛される企業になるには、「創意工夫に富むだけでは不十分で、開拓精神があることも顧客に伝わり、そう認識してもらう必要がある」と言っている。

「クールか、クールじゃないか」

不作法《ぶさほう》なのはクールじゃない。
小さな相手を叩き潰すのはクールじゃない。
成功者のあと追いはクールじゃない。

若いのはクールだ。
リスクを取るのはクールだ。
勝つのはクールだ。
愛想がいいのはクールだ。
皆が共感を覚えない大きい相手を打ち負かすのはクールだ。
発明するのはクールだ。
未踏《みとう》の地を探検するのはクールだ。

征服するのはクールじゃない。
ライバルばかりを気にするのはクールじゃない。
他者がいろいろできるように支援するのはクールだ。
自社で価値を独占するのはクールじゃない。

リーダーシップはクールだ。
信念はクールだ。
率直なのはクールだ。
大衆に迎合《げいごう》するのはクールじゃない。
偽善はクールじゃない。

真正《しんせい》なのはクールだ。
大きく考えるのはクールだ。
意外なことはクールだ。
伝道師はクールだ。
金の亡者《もうじゃ》はクールじゃない。

参考文献

本書の執筆にあたっては、次の書籍、雑誌を参考にさせていただいた。いずれも大変な労作であり、学ぶところが多かった。厚くお礼申し上げる。多くのウェブサイトも参照したが、煩瑣《はんさ》を避けて割愛する。

『ワンクリック――ジェフ・ベゾス率いるＡｍａｚｏｎの隆盛』リチャード・ブラント著　井口耕二訳　滑川海彦解説　日経ＢＰ社
『アマゾン・ドット・コム』ロバート・スペクター著　長谷川真実訳　日経ＢＰ社
『ジェフ・ベゾス　果てなき野望――アマゾンを創った無敵の奇才経営者』ブラッド・ストーン著　井口耕二訳　滑川海彦解説　日経ＢＰ社
『時代をきりひらくＩＴ企業と創設者たち４　Ａｍａｚｏｎをつくったジェフ・ベゾス』ジェニファー・ランドー著　スタジオアラフ訳　中村伊知哉監修　岩崎書店
『週刊東洋経済』２０１２年12／１号「新・流通モンスターアマゾン」東洋経済新報社

桑原晃弥(くわばら・てるや)

1956年広島県生まれ。慶應義塾大学卒。業界紙記者、不動産会社、採用コンサルタント会社を経て独立。転職者・新卒者の採用と定着に関する業務で実績を残した後、トヨタ式の実践、普及で有名なカルマン株式会社の顧問として「人を真ん中においたモノづくり」に関する書籍執筆やテキスト、ビデオなどの各分野で活躍中。
著書に10万部突破の『スティーブ・ジョブズ 神の遺言』、『ウォーレン・バフェット 賢者の教え』『天才イーロン・マスク 銀河一の戦略』『20代で「その他大勢」から抜け出す名言105』(以上弊社刊)、『ジェフ・ベゾス アマゾンをつくった仕事術』(講談社)、『スティーブ・ジョブズ名語録』(PHP文庫)、『知識ゼロからのイノベーション入門』(幻冬舎)など多数。

経済界新書
049

ジェフ・ベゾス　ライバルを潰す仕事術

2015年 3月 10日　初版第1刷発行

著者　桑原晃弥
発行人 佐藤有美
編集人 渡部　周
発行所 株式会社経済界
〒105-0001 東京都港区虎ノ門1-17-1
出版局　出版編集部☎03-3503-1213
　　　　出版営業部☎03-3503-1212
振替　00130-8-160266
http://www.keizaikai.co.jp

装幀　岡 孝治
写真　AFP=時事
印刷　㈱光邦

ISBN978-4-7667-2059-4